JN106330

リスクの見える化と
逆算思考による

最適なパワハラ対応

弁護士
内田 悠太
UCHIDA　YUTA

経営書院

はじめに

紛争解決の現場で頑張っている方たちへ

　本書は、従業員からパワーハラスメント（以下、「パワハラ」といいます。）の相談を受け、実際に現場での問題解決に奔走している（また、その予定である）総務・法務の担当者（以下、「パワハラ担当者」といいます。）に贈るものです。

　いわゆる労働施策総合推進法等の改正（2019年5月成立、同年6月5日公布。中小企業については2022年3月31日まで努力義務）によりパワハラ対策は企業にとって避けられない課題となりました。

　パワハラ対応は非常にストレスのかかる仕事です。

　パワハラ加害者は「仕事ができる人」であることが少なくありません。パワハラ加害者が会社の売上に貢献する人物であればあるほどパワハラ担当者は被害者と会社との間で板挟みとなり、精神をすり減らすことになります。

　上司から「被害者から訴えられないようにし、加害者が退職するような事態も避けてほしい。」などと命じられ、対応に苦慮したパワハラ担当者も少なくないのではないでしょうか。

　パワハラ対応は場当たり的な処理をしていると結果として良い解決に導けません。

　大切なことは、ゴールから逆算してベストな対応を導き、「これがベストな対応だ。」という確信をもって一貫した対応を行うことです。

　本書は、具体的な事案を題材として、パワハラ担当者が「ベストな対応」を導くために最低限必要な知識・技法を解説しています。

　ところで、パワハラ担当者の任務とは何なのでしょうか。

　大きな会社であれば総務・法務部門の従業員がパワハラ対応にあたっていますが、中小規模な会社だと社長ないしは取締役等の重役が

あたっている例も少なくありません。

　本来、会社は利益を生み出すことに経営資源を集中すべきです。パワハラなどの紛争処理に多くの経営資源・時間を割くことになれば会社の生産性は低下します。

　そうすると、パワハラ担当者の任務は、パワハラを予防し、またパワハラ発生時に適正かつ迅速に対応することにより、利益につながらない無駄な金銭的・時間的コストを極力排除することにあるといえます。被害者又は加害者からの損害賠償請求等を避けて直接的な損害の発生を回避し、パワハラ予防によりパワハラ対応コストの発生を回避することで、間接的に会社の利益に貢献するというわけです。

　パワハラ担当者は、このことを忘れてはなりません。適切なパワハラ対応は会社の利益に寄与するのです。

　また、適切なパワハラ対応は会社に以下のようなメリットをもたらします。むしろ、現代においてはこちらのメリットの方が会社にとって重要かもしれません。

　すなわち、パワハラが原因で訴訟等になると会社のイメージが損なわれ、採用に悪影響が生じます（なお、現代においては、訴訟のみならず、SNSによりパワハラ企業のレッテルを貼られるリスクにも十分な注意が必要といえるでしょう。）。「パワハラを放置している会社に入社したくない。」ということで労働者からそっぽを向かれてしまうというわけです。売り手市場の現代において、かかる悪影響は会社に致命的なダメージをもたらすこともあります。適切なパワハラ対応はこのような致命的なダメージの発生を予防します。

　また、パワハラが予防され、また適切に処理されることにより従業員が働きやすい環境が醸成されます。パワハラが放置されている環境は従業員のモチベーションにとってマイナスの衛生要因となることは疑いのないところであり、適切なパワハラ対応により会社全体の生産性低下を防止することができます。

　長々と適切なパワハラ対応を行う意義を述べましたが、要するに、筆者の言いたいことは「適切なパワハラ対応が会社にもたらすメリットは大きい。」ということです。パワハラ対応は会社のいわばディフェンス面で大きな価値のある仕事なのです。

　人と人の紛争を調整する仕事は精神的に辛いものです。弁護士であってもそうです。しかし、重要な価値ある仕事である以上、誰かがこれを遂行しなければなりません。

　本書がパワハラ担当者の気持ちを前向きにスイッチし、パワハラ担当者ひいては会社全体のハラスメント対応能力の向上に寄与できたとすれば、筆者としてこれに勝る喜びはありません。

　なお、本書の知識・技法のほとんどはセクシャルハラスメント、マタニティハラスメントなど他のハラスメント事案にも応用が可能です。

　是非、これらの事案においても本書で解説した知識・技法を応用してみてほしいと思います。

　最後に、本書の論理構成、表現などについて分かりにくいところを指摘して頂いた筆者の所属する弁護士ラグーンの弁護士・事務職の皆様のご尽力に対し、この場を借りて心から謝意を表したいと思います。

　また、本書の刊行に当たっては、経営書院の諸氏にお世話になり、適時適切なアドヴァイスを頂いたことにこの場を借りて御礼申し上げます。

　　令和3年5月

　　　　　　　　　　　　　　　　　　　内　田　　悠　太

目　　次

第1章　パワハラ事案の解決に必要な知識・技術の全体像

第1節　パワハラ相談は突然に（事案と問）……………………… *1*

第2節　パワハラ対策の優先事項？（リスク管理の基礎）……… *11*

第3節　そのリスク、いくらですか？（損害計算・評価）……… *17*

第4節　パワハラ対応の典型的手法（リスク対応）…………… *27*

第5節　パワハラ上司が仕事のできる人だったら放置する？

　　　　（比較衡量）………………………………………………… *35*

第6節　第1章のまとめ ………………………………………… *40*

第2章　パワハラに関する法律実務の基礎

第1節　法律の世界での「パワハラ」とは（定義・法的責任）… *42*

第2節　どこからがパワハラ？（裁判例の紹介）……………… *53*

第3節　法律的な損害賠償の考え方とは（損害論）…………… *61*

第4節　相談を受けた後のゴールデンルール（初動対応）……… *80*

第5節　裁判ではこうして事実が認定されている（事実認定）… *96*

第6節　弁護士と一般人の交渉は何が違う？（交渉術）……… *110*

第7節　処分の公表等に関する注意点（人事処分の適法性判断）

　　　　………………………………………………………………… *118*

第3章　数値化と意思決定の技法

第1節　法務リスクを定量化する手法（期待値）……………… *128*

第2節　決定の木を作ってみよう（決定の木）………………… *136*

第3節　意思決定の評価額が同じくらいだったらどうする？
　　　　（標準偏差ほか）……………………………………… *142*

第4章　ケーススタディの解説

第1節　本事案問1の解説（聴くべきこと話すべきこと）…… *148*

第2節　本事案問2の解説（調査妨害への対応）…………… *152*

第3節　本事案問3の解説（事実認定例）………………… *154*

第4節　本事案問4の解説（リスクの定量化）……………… *162*

第5節　本事案問5の解説（決定の木に基づく判断）……… *170*

第6節　非法律的損害と定性評価を踏まえた検討…………… *178*

●巻末資料…187

巻末資料1　　Y1社理念・行動憲章……………………… *187*

巻末資料2　　Y1社の就業規則・賃金規程（一部抜粋）…… *188*

巻末資料3　　XとY1社の雇用契約書…………………… *193*

巻末資料4の1　Bの陳述書………………………………… *195*

巻末資料4の2　Cの陳述書………………………………… *199*

巻末資料4の3　Xの陳述書………………………………… *201*

巻末資料4の4　Y2の陳述書……………………………… *206*

巻末資料5　　XとBのメッセージ機能付きアプリのやりとり
　　　　　　　（一部抜粋）………………………………… *209*

巻末資料6　　簡易生命表〈女〉…………………………… *211*

巻末資料7　　ライプニッツ係数表（年金現価表）3％…… *212*

巻末資料8　　厚生労働省告示第五号……………………… *213*

書籍コーディネート　インプルーブ　小山　睦男

第1章

パワハラ事案の解決に必要な
知識・技術の全体像

 第1節　パワハラ相談は突然に（事案と問）

　早速ですが、次の「事案」を読み、Y1社の総務課長の立場に立って、以下の各問について回答を考えてみてください。

〈事　案〉

1　Y1社の概要

　あなたは洋菓子・インスタント食品の製造販売業を営む非上場会社であるY1社の総務課長です。

　Y1社は1990年4月1日設立の会社であり、2021年2月1日現在において、従業員数は250名（うち無期労働者（正社員）が200名、有期労働者（パートなど）が50名）です。

　Y1社は取締役会設置会社であり、取締役は創業者である代表取締役A（60歳男性）と取締役2名の計3名であり、取締役のうち1名は代表取締役の配偶者です。監査役は1名です。株式についてはAが100％保有しています。

　Y1社は設立直後、Aの独創的な商品開発により、多くの卸売会

社・小売会社との契約を獲得し、販路を拡大していきましたが、2000年頃から商品の売れ行きが悪くなりました。

　Ｙ１社では、2005年頃までＡが商品の企画や営業先まで細かく決めて従業員は専らＡから指示を受けて企画・営業を行っていましたが、そのような中でたまたま若手従業員に企画を任せた商品が爆発的にヒットすることがありました。Ａは自らが細かく指示をすることで従業員が受け身の姿勢で仕事をするようになっていることに気付き、そのことがＹ１社の商品企画能力や営業力の向上を阻害していると考えるようになりました。そこで、Ａは従業員の自主性を尊重し、彼らの能力を最大限引き出すことでＹ１社の競争力を伸ばそうと経営方針を変更することを決意し、Ｙ１理念・行動憲章（巻末資料１〈187頁〉）を作成し、従業員に周知徹底しました。

　その後のＡの努力もあって、従業員のモチベーション・能力は向上し、売上も回復傾向となり、リーマンショック後の不景気も乗り越えることができました。

　Ｙ１社は大企業ではないものの自由な社風と独創性の高い商品が有名となったことから国内でトップクラスの大学を卒業した者や大企業で働いていた優秀な人材が入社を希望するようになり、実際にこれらの優秀な人材の採用に成功してきています。

　Ｙ１社は現在、東京本社のほか、神奈川、北海道、名古屋、大阪、福岡、北九州に支店があり、あなたは東京本社に勤務しています。

　Ｙ１社の就業規則及び賃金規程は巻末資料２（188頁）のとおりであり、企画職・営業職には歩合給が支給されています。Ｙ１社とＸの雇用契約書は巻末資料３（193頁）のとおりです。

2　事件当事者及び関係者に関する情報

　2021年２月１日、あなたは、本社洋菓子営業部のＸ（24歳女性、2019年４月入社）からメールで相談を受けました。内容は、Ｘと同じ

く本社洋菓子営業部に所属するＹ２（50歳男性、2012年6月中途採用）からパワハラを受けているというものです。なお、Ｘは独身です。

　Ｙ２はＸの上司であり、ＸはＹ２の指示に基づき営業業務の補助を行っていました。Ｘは、この補助業務のほか、担当件数は少ないものの新規契約を取るための営業活動も任されていました。

　Ｘのメールに書かれていたＹ２のパワハラ行為等の時系列は以下のとおりでした。

『①2019年10月頃、Ｙ２から取引先にある資料を送っておくように指示されていたが、忙しかったこともあってその指示を忘れてしまった。そのことでＹ２が当該取引先からクレームを受けることになり、そのころからＹ２に厳しく対応されるようになった。

②2020年2月、Ｙ２から同年2月20日までに作成するよう指示されていた資料の作成が間に合わず、そのことを同月21日にＹ２に報告したところ、周りには同僚のＢないしＧがいたにもかかわらず、大声で「おまえは、一体何だったら満足にできるんだ！こんなの小学生でもできるぞ。」と怒鳴られた。

③2020年6月頃、再度、Ｙ２から指示されていた資料を取引先に送付するのを忘れてしまった。Ｙ２に直接口頭で言うのは怖かったのでメールで謝罪したら、「またですか。あなたのような無能な人間はＹ１社に必要ないと思います。あなたの替えになる人なんていくらでもいますよ。」との返信があった。

　この頃から、失職させられるのではないか、Ｙ２からまた同僚たちの目の前で怒鳴られるのではないかと不安になり、なかなか眠れなくなった。精神科で診察を受けたところ、「うつ病」と診断された。

④2020年12月頃、Ｙ２から指示された資料の作成で分からないところがあったのでＹ２に尋ねたところ、「もう入社して2年近くになりますよね。まだこんなことも分からないのですか。他の人はこんなの1

年もしない間に出来るようになっていますよ。<u>馬鹿にはこの仕事はできませんよ。もう少し頭を使わない仕事に変わった方がいいんじゃないですか。その方があなたのためにもなりますよ。</u>」と言われた。

　この頃からＹ２の顔を見るだけで動悸がするようになり、食欲も減退していった。

⑤2021年１月29日、自分のデスクに座っているとＹ２が来て、<u>机を叩き</u>「<u>頼んでいた資料はできたんですか。できてないんでしょ。座っているだけで給料をもらえていいですね。あなたのような無能な人にはもう何も頼みませんから。よくそんなので会社に来られますね。</u>」と言われた。そのとき、周りには誰もいなかった。

　最近は、ろくに仕事もできない自分には価値がないと感じて、生きる気力も無くなってきている。毎日が辛く、どうしたらいいのか分からない。

　Ｙ２がいる限り苦しみは続くので、Ｙ２を退職させて欲しい。』

　あなたは、Ｘに「直接会って、じっくりとあなたの話を聴いて、適切に対処していきたい。」旨の返信を行い、Ｘと同月４日に会って話を聴く約束を取り付け、同日、実際に面談を行いました（聴き取った内容は巻末資料４の３〈201頁〉記載のとおりです。）。

　あなたは、同月８日、Ｘと同期入社であるＢ（24歳女性、2019年４月入社）からもヒアリングを行いました。Ｂから聞き取った内容は巻末資料４の１（195頁）のとおりで、ＢからはＸとのメッセージ機能付きアプリのやり取りをプリントアウトしたもの（巻末資料５〈209頁〉）の提出も受けました。

　あなたがＢからのヒアリングを終えたあと、同じく洋菓子営業部に所属するＣ（30歳男性、2013年４月入社）からもヒアリングを行いました。Ｃが述べた内容は巻末資料４の２（199頁）のとおりです。

　さらに、Ｂ及びＣからのヒアリングから業務量が多すぎる可能性が

あると考えてXの最近の残業時間（法定時間外労働時間）を確認したところ、2021年1月77時間、2020年12月70時間、同年11月が72時間であったことが判明しました。このような長時間残業が継続している原因について調査したところ、Y2からXに与えられる仕事の量が若干多いことが判明しましたが、上記のような長時間を要するほどの量ではありませんでした。Xの処理能力が他の従業員に比べて低く、1件当たりに要する時間が長いために結果として長時間残業になっているようでした。

　Y2は非常に営業成績の良い従業員で、2020年のY2の売上は4000万円（粗利2800万円）と東京本社洋菓子営業部15名の全売上の25％を占めています。他方で、Xの2020年の売上は500万円（粗利350万円）であり、Y2と比較して良いとはいえない成績でした。

　また、Y2の2020年の年収は1200万円で、Xの年収は350万円です（歩合給である粗利の10％を含んでいます。）。Xの右年収の内訳は月平均給与が25万円、賞与が年50万円でした。

　X及びY2のいずれも都内に居住しており、Xは東京本社まで片道25分、神奈川支店まで片道50分、Y2は東京本社まで15分、神奈川支店まで45分を要します。

　なお、X及びY2ともに今までY1社から懲戒処分を受けたことはありません。

3　上席たちの意向

　あなたは、同月9日、B及びCからのヒアリング結果も踏まえて、Xと面談する前にY1社の意向を確認するため本件を総務部長（55歳男性）に相談しました。

　総務部長の回答は、「たしかに、Y2さんは言葉が強すぎることがある。ただ、話を聴くとXさんにも非があるようだから、果たしてパワハラといえるのだろうか。そもそも、Xさんが言っていることが本

当のことかどうかも分かりませんね。いずれにせよ、仮にパワハラが
あったとしてもＹ２さんを下手に刺激して退職されたり、やる気を無
くされては売上の面から困りますね。なるべく穏便に解決する方向で
調整してみてください。」というものでした。

　総務部長が人事関係の最高責任者となっている取締役にも話をした
ところ、同様の回答だったとのことでした。

4　Ｙ２の言い分

　あなたは、2021年２月24日、Ｙ２からＸが主張する事実について確
認したところ、Ｘからのメールにあった①から④の行為については概
ね事実を認めましたが、⑤については事実を否定しました。

　Ｙ２の言い分は概ね以下のとおりでした。

『事実のうち①から④は認めるが、それはＸが単純な仕事のミスを
繰り返すからであって、かなり厳しく言わないと反省しないと思っ
た。たしかに言い過ぎた面はあるかもしれないが、あくまで仕事上の
指導であって、パワハラとはいえないと思う。

　⑤についてはそのようなことを言った記憶がない。その日時、私は
Ｘさんに「昨日までにお願いしていた資料が提出されていませんね。
もう私の方でやるからいいです。」と苛立った口調で言ったのは事実
だが、「無能」とか、「よく会社に来られますね。」とかそういうこと
は言っていない。私がＸさんに強く注意していたことからＸさんは私
のことが嫌いになっていて、それでそんな嘘を言ったのだと思う。

　私としては、Ｘにミスを繰り返さず、仕事ができるようになって欲
しいとの想いから厳しく注意しただけであって、それをパワハラなど
と言われるのは心外だ。

　Ｙ１社のことを考えれば、生産性が著しく低いＸの今後の処遇につ
いてはよく考えた方がよいのではないか。』

あなたがＹ２の言い分をヒアリングしてまとめた陳述書は巻末資料４の４（206頁）のとおりです。

5　専門家その他関係者の意見

⑴　産業医の意見

あなたはＸに産業医の診察を受けるように促し、Ｘはこれに従って産業医の診察を受けました。

後日、産業医からは、「現在、Ｘは重症うつ病の状態であり、自殺念慮も強いです。過量服薬の傾向も見られており、Ｙ２の下で仕事を継続させると症状が増悪すると思われます。何％とか数値化するのは難しいですが、自殺に至る可能性は十分あると考えざるを得ません。ＸとＹ２との接触はなるべく回避した方がよいし、Ｘはしばらく休職させて治療を受けさせた方がよいです。」との報告を得られました。

⑵　弁護士

あなたは、万が一、Ｘがパワハラを苦に自殺してしまい訴訟になった場合、どのような見通しとなるかについて顧問弁護士にアドヴァイスを求めたところ、弁護士の回答は以下のとおりでした。

「訴訟の途中で和解せず、判決で全面勝訴する可能性は低いでしょう。何％というのは難しいですが、強いて言えば15％程度でしょうか。判決で全面敗訴という可能性もそれほど高くありません。もし、全面敗訴した場合、遅延損害金は別にして9212万円程度の損害賠償が命じられるでしょうが、そうなる可能性は25％程度でしょう。民事訴訟は概ね和解で終わっており、本件も60％くらいの確率で和解になると思われます。ご遺族のキャラクターにもよりますが、和解の場合、6700万円程度での和解になるでしょうか。」

なお、弁護士費用については、事件の依頼時にかかる弁護士費用（着手金）が345万円程度と予想され、成功報酬は請求金額から減じた金額の６％＋138万円とのことでした（但し、全面敗訴の場合は０円

にしますとのことでした。）。

　また、弁護士によれば、「この手のケースでは自殺にまでは至らず、自主退職後、パワハラによって退職を余儀なくされたとして慰謝料、逸失利益、弁護士費用を請求される場合もあります。その場合、これもまた何％というのは難しいですが、強いて言えば、全面敗訴して275万円程度の支払が命じられる可能性が10％、150万円程度を支払うことで和解となる可能性が75％、全面勝訴して1円の賠償も命じられない可能性が15％といったところだといえます。」とのことでした。

　なお、この場合の弁護士費用（着手金）は22万円程度、成功報酬は請求金額から減じた金額の16％とのことでした。

(3)　洋菓子営業部部長

　あなたは、Ｙ2のキャラクターをもっと知るために、両名の直属の上司である洋菓子営業部の部長に、「Ｙ2を懲戒処分に付した上で転勤させるなどした場合、Ｙ2はどのような対応を取ってくるであろうか」と尋ねてみたところ、同人の回答は以下のとおりでした。

　「Ｙ2はＹ1社に転職してきて本当に良かったとよく言っており、Ｙ1社のことをかなり気に入っているようです。子どもさんも来年から私立の高校に行くようでお金がかかるようですから、会社がどのようにＹ2に言うのかにもよると思いますが、そのような処分をしてもＹ2が退職する可能性は低いでしょう。15％とかその程度でしょうかね。ただ、処分後はＹ2も部下とのコミュニケーションに気を使うでしょうから、その結果として1年間くらいは20％くらいの粗利減少はあり得るかもしれません。それでも、しっかりと怒りに任せない指導方法を身に付ければ自然と売上は回復していくでしょう。営業成績に何の悪影響も出ない可能性だって十分にあると思いますよ。50％くらいの確率で何の影響も生じないのではないかと思いますよ。」

　「長いな！」と思われるでしょう。

　たしかに、長いのです。読むのに時間がかかりますし、回答を考えるのにも時間がかかります。ですが、まずは現時点で有する知識だけで本事案の問に対する回答を検討してみてください。検討せずに本書を読むよりもずっと、本書の理解が深まります。

問１　2020年２月４日のＸとの面談において、Ｘからどのようなことをヒアリングし、またＸにどのようなことを伝えたらよいでしょうか。

問２　2021年２月４日のＸとの面談後、あなたはＢから「Ｙ２から『会社が私とＸのことで何か調査をしているようだ。私が不利にならないように、あなたに少しお願いがある。』と言われた。」との報告を受けました。

　　　あなたは、事実調査を行いＹ２からのヒアリングを行って然るべき処分を決定するまでの間、Ｙ２に対してどのような措置を講ずるべきでしょうか。

問３　2021年１月29日のＹ２の⑤の行為を事実として認定することができるでしょうか。その結論と理由を述べてください。

　　　なお、Ｘがうつ病に罹患したことについては診断書等により認定できるということを前提とします。

問４　Ｙ１社が特段の措置を講じない、すなわち「放置する」という選択をする場合、当該判断はいくらくらいのマイナスと評価することができるでしょうか。法的損害に限定して推計してください。

問５　本件において、Ｙ１社はいかなる措置を講ずることが最良と考えられますか。

　・・・いかがでしょうか。大体の回答案は導けましたか？社長であるＡに対して説得的に今後の処理方針やゴールとするところを説明することはできそうでしょうか。

　こと法律の問題となると、「適法か」「違法か」だけに目が向いてしまいますが、実務では適法か違法かの判断をするだけで事足りるということは少ないですし、「判決になってみないと適法なのか違法なのか分からない。」というケースも多いです。

　「白」になるか「黒」になるのか分からない・・・。本書では、このような不確実性の高い状況において企業が合理的な行動を採るために必要な知識・技法を解説していきます。

　具体的には、第1章では、上記各問に対する答えを導くために必要な知識・技法の概要と事案との位置付けについてお話します。その上で、第2章では第1章で紹介した知識・技法の一部について弁護士の観点（法律実務の観点）から深堀した解説を行い、第3章では専らリスクの定量化と意思決定の評価技法について解説します。

　第3章まで読み終えたら、再度、上記各問を考えてみてください。本書を読む前よりも、多角的に問題を考察することができるようになられているでしょう。

　第4章は第1章ないし第3章までの知識・技法を本件に当てはめた例を解説しています。答えは1つではないですが、1つの「回答例」としてお読みください。

第2節　パワハラ対策の優先事項？（リスク管理の基礎）

1　リスク管理の基本的な考え方

　本書を手に取っていただいている以上、読者の皆様はパワハラ対応に関心をもたれているのでしょう。

　しかし、少し待っていただきたい。

　本当に、あなたにとってパワハラ対応は優先的に解決しなければならない事項なのでしょうか。

　「そうだからこの本を買ってるんですよ。」という声が聞こえてきそうですね。しかし、果たして本当にそういえるのでしょうか。

　あなたの会社が大企業で十分な人的資源に恵まれており、パワハラ対応を主な仕事として割り振られているのであれば何も問題はありません。

　しかし、あなたの会社が中小企業で人的資源に乏しく、あなたが一人で長時間残業問題、セクハラ・マタハラ対応、製品安全対策、製造工場での労働者災害対応などの広範なリスクに対処しなければならない立場にあるのであれば、パワハラ対応の優先順位はよく考えてから手をつけなければなりません。他に優先すべきリスク対応があるのであれば、そちらからまず解決するのが筋です。

　たとえば、Ｙ1社において消費期限切れの材料が常用されていたという事態が判明し、今から商品回収等の顧客の安全を確保するための措置を採らなければならないという状況において、それを後回しにしてパワハラ対応を行うのは妥当とはいえないでしょう。

　では、我々はどのようにして数あるリスク対応について優先順位をつけていけばよいのでしょうか。

　リスク管理は、基本的に①リスクを知ること、②リスクを避けるこ

と、③有事の際に被害を最小化すること、の３要素から成り立っています。詳細には踏み込みませんが、裁判例においてもリスク管理体制とはリスクを「認識」「評価」「制御」する体制だと言われています。

　自社にどのようなリスクが存在しているのか知らなければ（裁判例の言葉を使えば「認識」「評価」しなければ）、対応のしようがありませんし、リスク対応間に優先順位をつけることもできません。

　したがって、まず「リスクを把握しましょう。」というところからスタートするのです。

　リスクを認識・評価する技法としてお勧めなのが「リスクマップ」の作成です。

　リスクマップとは、縦軸にリスクが顕在化したときの被害の程度を（上ほど発生時の被害が大きい。）、横軸にリスクが顕在化する可能性（又は過去の発生頻度）を取り（右ほど顕在化する可能性が高い。）、各種のリスクをマッピングしていくものです（15頁に完成図がありますのでご参照ください。）。

　右上に位置するリスクほど顕在化しやすく、かつ顕在化したときに会社へ与えるダメージが大きいということになりますので、優先的に対応していくということになります。他方で、左下に位置するリスクほど顕在化しにくく、かつ顕在化したとしても会社に与えるダメージは小さいということになりますので、優先順位は後になります。

　マッピングしていくリスクの内容ですが、すべてを挙げていくときりがないので代表的なものを挙げると、対内的リスクとして、割増賃金未払リスク、就業規則変更無効リスク、ハラスメントリスク、安全配慮義務違反リスク、株式管理リスク、株主総会・取締役会等運営リスク、役員・従業員の犯罪リスク、M&Aリスク、などがあり、対外的なリスクとして、債権焦げ付きリスク、個人情報・機密情報漏洩リスク、知的財産権侵害リスク、欠陥製品・役務提供リスク、債務不履行リスク、外部労働組合リスク、規制法違反リスクなどがあります。

　これらの類型すべてについて自社にリスクが潜在していないかを検討できるのが理想ですが、経営資源の限られた中小企業でそれは現実的ではありません。①大々的に報道された企業不祥事に関するニュース、②過去に業界内で問題とされた事項、③自社で過去に顕在化したことのあるリスク、④従業員からのリスク報告、などからある程度リスク項目を絞って調査し、認識・評価していくことになることが多いでしょう。

　たとえば、長時間労働による過労自殺が大々的に報道されて世論の批判が高まったことをきっかけとして、自社の労働時間がどうなっているのかを調査したり、前年にセクハラを理由に会社が従業員から訴えられるという事態が発生していたのであれば、現状、セクハラに該当するような言動がなされていないかなどを調査するといった具合です。

　リスクの内容は出来る限り具体的に認識しなければなりません。

　たとえば、Ｙ１社において、調査の結果、大阪支店（大阪事業所）において経営成績が悪かった2019年１月10日に従業員の個別の同意を得ることなく賃金規程を改訂して従業員の職能手当を一律２万円減じていたことが判明したとします（次頁に関連する労働契約法の条文を抜粋しています。）。この場合、労働契約法第10条の合理性の要件を充たしてないために無効となり、2019年１月から遡って減額した賃金を支払わなければならないリスクがあるということになりますが、このリスクを抽象的に「就業規則変更無効リスク」と認識しても問題の解決につながりません（なお、勘違いされている方も多いのですが、「就業規則」というと賃金規程などの就業規則の附属規程も含まれます。）。

　適切に問題の解決方法を検討するためには、「2019年１月10日付で大阪事業所において行われた賃金規程第○条の改訂による職能手当一律２万円の減額が、訴訟等において労働契約法第10条の合理性の要件を充たさずに無効と判断され、同日から遡って大阪事業所の従業員全

員に対して合計約○○万円を支払うこととなるリスク」というように
リスクの内容を具体化しなければならないのです。ここまで具体化し
て、初めて「じゃあ、賃金規程の改訂による賃金の減額を行うときは
必ず本社法務部の同意を得ることというルールを設けよう。」とか
「賃金を減額しようとする場合のマニュアルを作成して周知徹底しよ
う」とか、そういった対策が見えてくるのです。

　なお、リスクマップは、会社内部の状況変化や社会情勢の変化に伴
い定期的に見直さなければなりません。

労働契約法（一部抜粋）
（労働契約の内容の変更）
第八条　労働者及び使用者は、その合意により、労働契約の内容であ
　る労働条件を変更することができる。
（就業規則による労働契約の内容の変更）
第九条　使用者は、労働者と合意することなく、就業規則を変更する
　ことにより、労働者の不利益に労働契約の内容である労働条件を変
　更することはできない。ただし、次条の場合は、この限りでない。
第十条　使用者が就業規則の変更により労働条件を変更する場合にお
　いて、変更後の就業規則を労働者に周知させ、かつ、就業規則の変
　更が、労働者の受ける不利益の程度、労働条件の変更の必要性、変
　更後の就業規則の内容の相当性、労働組合等との交渉の状況その他
　の就業規則の変更に係る事情に照らして合理的なものであるとき
　は、労働契約の内容である労働条件は、当該変更後の就業規則に定
　めるところによるものとする。ただし、労働契約において、労働者
　及び使用者が就業規則の変更によっては変更されない労働条件とし
　て合意していた部分については、第十二条に該当する場合を除き、
　この限りでない。

　Ｙ１社において、このような調査を行った結果、パワハラ対応は優先的に対処する問題ではないということになりました・・・となっては話が進まないので、ここでは、Ｙ１社では特に営業部において売上の低い者に対するパワハラが横行しており、毎年、入社３年未満の者の１〜２名程度がパワハラを理由として退職してことが判明していたとします。そして、このようなＹ１社の行動憲章（**巻末資料１**〈187頁〉）に反するような事態が明らかとなれば優秀な人材を確保することができなくなり、また優秀な人材の流出を招きかねず、競争力の源泉を失って中長期的に甚大なる損害が生ずると評価され、パワハラはＹ１社において優先的に対処すべきリスクと位置付けられたとします。

　なお、このような数値化されていない評価を定性評価と言いますが、次節においては定量評価を解説しています。可能な限りリスクは定量化することが望ましいですが、ここではひとまず定性評価にとどめておきます。

　一方で、製造工場での事故は過去にほとんどなく、実際にあった事案でも濡れた床に滑って転倒して軽症を負ったという程度であったこと、商品に消費期限切れの材料が使われるなどの欠陥品が製造されたこともなかったことなどが判明し、これらのことを踏まえてＹ１社においては以下のようなリスクマップが作成されたとして話を進めます。

Ｙ１社のリスクマップ

被害の程度
（小→大）

欠陥品リスク　　　　　　パワハラリスク

労災リスク　　賃金未払リスク

発生可能性（低→高）

　紙面の関係でリスクの内容は抽象的に記載していますが、実際には、上記のとおり具体的に記載しなければなりません（勿論、※1などと記載して別のスペースに具体的内容を書く方法でよいです。）。

　リスクマップを適切に作成するためには、リスクが顕在化した際に、金額にして具体的にいくらくらいの損害が会社に生じるのかを算定できなければなりません。これができないと当該リスクを縦軸のどのあたりに位置付けるべきか判断ができないからです。

　次節では、このリスクの算定・評価について簡単に解説します。

第3節　そのリスク、いくらですか？（損害計算・評価）

　この節の理解は、問4の回答のために必要になります。

　リスクは認識されるだけでは足りず、適切に評価されなければなりません。前節で解説したリスクマップの作成という観点からもそうなのですが、経営陣ないしは上層部を動かすという意味でもリスクの評価は必要不可欠なのです。

　「我が社ではパワハラが横行しています。パワハラは違法です。」と曖昧なことをいくら言っても、それが良いかどうかは別にして、なかなか人は動いてくれないものです。

　会社では経営陣を頂点として、上層部ほど数字を気にしています。数字に対して責任があるからです。会社に潜在するリスクが顕在化することにより具体的に会社の数字にどのような影響を及ぼし得るのかを合理的に説明できて、初めて「じゃあ、そのリスク対応のために経営資源を投入しましょうか。」ということになるわけです。何度も言いますが、それが良いことかどうかは別にして、です。

　では、具体的にどのようにリスクを評価していけばよいのでしょうか。

　まず、リスクが顕在化した際に会社が負うこととなるダメージ、すなわち損害額を算定します。ここでの損害は「法的損害」と「法的損害以外の損害」に分けることができます。

　法的損害とは、リスクの顕在化した際に法律により会社に支払が命じられる（又は命じられうる）損害です。本事案において、万が一にもXさんが自殺してしまった場合、会社には慰謝料、逸失利益、弁護士費用などの賠償が命じられることになり、これらが法的損害となります。本事案の顧問弁護士によれば、その金額は約9212万円になりま

す（パワハラ事案において発生し得る法的損害の算定については、第2章第3節で詳しく解説します。）。

　もう1つ例を挙げます。

　会社が個人情報漏洩事件を起こしてしまった場合、裁判例に照らすと、漏らされた情報の性質にもよりますが、会社が顧客らに対して支払わなければならないのは基本的に慰謝料（＋微々たる弁護士費用）のみでその金額は1人当たり数千円から数万円程度です。これが法的損害となります。

　では、Ｙ1社がＸの遺族に上記法的賠償を行えばＹ1社にそれ以上の損害は生じないのでしょうか。また、上記個人情報漏洩事件を起こした会社は顧客に対して慰謝料を払えばそれ以上の支出は何も発生しないのでしょうか。

　勿論、そのようなことはありません。

　Ｙ1社の「従業員が働きやすい、やりがいのある会社」というブランドイメージが毀損されることで、今後、Ｙ1社への入社を希望する優秀な人材は大きく減少することになるでしょう。在籍している優秀な人材が退職してしまうかもしれません。これらの事態が生じた場合に具体的に会社にいくらの損害（逸失利益、採用活動のコストアップ、大掛かりな再発防止策の実施及び広報にかかるコストなど）が発生するのか算定することは困難ですが、このような「法的損害以外の損害」の方が甚大になるかもしれません。

　個人情報漏洩の例でいえば、米国において研究がなされています。この研究によれば、個人情報漏洩により発生する損害全体のうち顧客離れ等による機会損失が占める割合が最も高いそうです。その他、漏洩範囲の調査や顧客からの問い合わせに対応するためのコールセンター設置費用など合わせた割合は70％を超えるとのことです。つまり、生じる損害のほとんどが「法的損害以外の損害」というわけです。

　法的損害以外の損害については、法的損害と異なって決まった算出

方法があるわけではなく、算出が難しいことが多いです。しかし、だからといって簡単に諦めてはいけません。法的損害以外にどのような損失が損害として評価できるだろうかと想像力を働かせることが重要です。あとにも述べますが、ある程度大雑把な計算でも全く定量化しないよりは良いからです。

　たとえば、Y 1 社はここ数年、採用専従従業員 1 名の賃金として年600万円、採用広告等の関連費として年1200万円を支出し、合計で年1800万円を投下して狙った人材を年 3 名程度採用できていたとします（ 1 名当たりの採用コストは600万円。）。これが、本事案が公になることで1800万円かけても年 1 名しか採用できなくなると予想され（ 1 名当たりの採用コストは＋1200万円の1800万円となる。）、1800万円かけて 1 名しか採用できない状態が 5 年間は続くとした場合、単純計算で1200万円× 5 年＝6000万円の損害が発生すると推計できます。

　また、少し高度な話になりますが、顧客離れによる損害もある程度推計することができます。たとえば、Y 1 社商品の販売個数が、 3 年間、年1000万個から年800万個に減少すると予想されるとします。Y 1 社商品の平均販売価格が300円、平均変動費率が30％の場合（ 1 個当たりの平均変動費は90円）、商品 1 個当たりの限界利益（売上－変動費）は210円なので、210円×200万個＝ 4 億2000万円／年、 4 億2000万円× 3 年＝12億6000万円の損害が生じるということができます。限界利益を用いて計算するのは、販売個数が減少しても固定費は減少しないからです。訴訟実務上も、企業の逸失利益を計算するときは限界利益を用いるのが多数です（ファイナンス理論を応用してより詳細に経営への影響を算定・評価する手法について学習したい方は、本節末に〈一歩前へ　ファイナンス理論を応用した検討〉を用意しているので、そちらをご参照ください。なお、厳密には限界利益からさらに個別固定費を控除した「貢献利益」を使用するのが妥当といえます。）。

　とりあえず、本件で問題となるのはパワハラであって商品自体に対する顧客の信頼が無くなるわけではないので逸失利益は生じないと考えて、ここでは、上記の法的損害9212万円と採用コスト増加額6000万円の合計額1億5212万円をＹ1社に発生し得る損害としておきましょう。

　さて、この数字をもって総務部長に「このまま手を打たなければ1億5212円の損害が発生しますよ！Ｙ2を厳重に処分しましょう！」と報告しに行ってよいものでしょうか。

　きっと、総務部長からはこのように返されるでしょう。

　「大袈裟に考えすぎではないか。Ｘさんは自殺するくらいなら退職するのではないか？退職してパワハラを理由として賠償金を請求してくるくらいじゃないか。それすらあるかどうかも分からないし、そのときはそのときで話し合いによって解決して、事態が公にならないことだって考えられるだろう。」と。

　総務部長の言い分はもっともで、発生確率を無視した提案は説得力を欠きます。極端に言えば、「従業員が交通事故に遭って死んでしまうかもしれませんから、明日から全員在宅で仕事をさせましょう！」と主張しているのと同じです（ちなみに、イギリスでの話ですが、2010年に交通事故で死ぬリスクは年平均約31マイクロモート（1マイクロモート＝100万分の1なので、0.0031％）であったようです。）。

　そこで、リスクを評価する際には発生確率も計算に入れます。

　これは簡単な話で、あるリスクが発生した場合に生じると推計される損害額に当該リスクの発生確率を乗じるだけです。仮に、Ｙ1社の例で「Ｙ2のパワハラを放置することによりＸが死亡し、かつ訴訟になってＹ1社が全面敗訴し、さらに事態が公になるリスク」が顕在化する確率を30％とすれば（発生確率の設定については第3章で解説しています。）、当該リスクの評価額は1億5212万円×30％＝4563万6000円ということになります。

　・・・一見、これでリスクの評価はできたように思えますが、本当にこれでよいのでしょうか。Y2のパワハラを放置した場合、Xが死んでしまうか死んでしまわないかの2パターンしか生じえないのでしょうか。

　勿論、そんなことはありません。総務部長の言うようにXが退職後に訴訟を提起することも考えられますし、そうなった場合にも顧問弁護士のいうように勝訴、敗訴、和解などのいくつかの結果が予想されます。放置という選択の先にはいくつか可能性の分岐があり、これらを考慮に入れないと適切なリスク評価はできないのです。

　また、そもそも放置のリスクを評価するだけでは説得力を得ることはできません。放置以外の他の選択肢についても検討し、他の選択肢を採った場合のリスクも定量的に評価して比較することで初めて放置という選択がいかに不合理であるのかを説得的に説明することができるのです。

　これらの点を踏まえて、ある状況における特定の選択肢のリスクを評価して比較し、最も合理的な選択肢を導き出す技法が第3章第2節で紹介する「決定の木」です。かかる技法は、会社が複数の投資案件のうち、どの案件を採用するのが最も利益を生むことになるのかを判断するために用いられることが多いですが（プラスの最大化を目的とする利用）、複数のリスク対応のうちどの対応を採用することが最も損失を軽減することになるのかを判断するためにも用いることができるのです（マイナスの最小化を目的とする利用）。

　本節は数式が出てきて何だか難しそうな感じがしますが、やっていることは数学で習った期待値の計算と同じです。

　コインを投げて2分の1の確率でそれぞれ表と裏が出るとして、表が出たら200円がもらえ、裏が出たら逆に100円を払わないといけないゲームの期待値は（200円×50％）＋（－100円×50％）＝50円です。この例でいう「100円を払わないといけない」がリスク顕在化したと

きの損害推計額、裏が出る確率である50％がリスクの発生確率に対応します。

　このゲームは表か裏しか出ませんし、表か裏か決まればそこから直ちに得喪が決まるので単純です。しかし、現実の実務においては、裏が出たときのことだけを考えれば足りるというわけではありません。裏が出たあとにも複数の選択肢が現れてくるので、それらの選択肢についても検討しなければならないのです。

　それでは、少し数字から離れて、次節ではパワハラリスク対応の基本的な技法について解説します。

〈一歩前へ　ファイナンス理論を応用した検討〉

　本論では、本事案が公になることで生じるＹ１社の非法的損害につき、①採用コスト増加損失1200万円×5年＝6000万円、②顧客離れによる販売個数低下損失（300円－（300円×0.3））×200万個×3年＝12億6000万円と推計してみました。

　ここではもう少し現実的に考えて、Ｙ１社の信用低下が時間の経過により徐々に回復すると考え、数値に与える影響も逓減していくものとします（具体的な割合及び損失額は下記表のとおりで5年目では信用低下による数値への影響は0になっているものとしています。）。

①採用コスト増加による損失　　　　　　　　　　　　　　単位：万円

年　　　数	1	2	3	4	5	合　　計
1名当たりの採用コスト増加額	1200	1200	300	300	0	
採用人数	1	1	2	2	3	6
採用コスト総増加額	1200	1200	600	600	0	3600

②販売個数の減少に伴う逸失利益　　　　　　　　　　　　単位：万円

年　　　数	1	2	3	4	5	合　　計
減少販売個数（万個）	200	150	100	50	0	500
逸失利益の額	42000	31500	21000	10500	0	105000

	合計	108600

　この表によれば、Ｙ１社の損害合計は10億8600万円です。

　当然のことですが、この表に記載の損害はＹ１社が一括して誰かに支払うものではありません。①について言えばただ採用人数が減っただけで年1800万円という採用活動費の支出が増えたわけではなく

キャッシュフローに変化はありませんし、②についてはキャッシュフローの減少はありますが一定時点でまとめて発生するものではなく年ごとに生じています。

　法的賠償とは異なり、これらの損害は一時点で一括してキャッシュアウト（以下、「COF」といいます。）が生じるという性質のものではないため、会社のキャッシュフローへの影響を検討する際にはこの点を考慮しなければなりません。

　①については1人当たりの採用コストが増加しても必ず3名を採用するという運用を行えばCOFの増加を生じますが、ここでは上記表のとおり年1800万円の範囲内での採用しか行わないものとしていますので、とりあえず①は無視してよいということになります。

　②については、そのままの数値を参考にして資金繰りへの影響を検討してもよいのですが、「現在価値」に換算するとより正確な影響を測定することができます。

　現在価値の考え方ですが、簡単に言ってしまえば、「今、100万円を支払うことと、1年後に100万円を支払うことは等価ではない。100万円を1年間運用できる分、前者より後者の方がお得である。」というものです（逆に「今100万円もらえることと1年後に100万円もらえることでは前者の方がお得である。」と考えます。）。たとえば、あなたが利回り年5％で100万円を運用できるのであれば1年間で5万円を得られるのであるから実質的には現在の100万円の支払いは1年後に105万円支払うのと同じであると考えるのです。ここでいう5％を割引率といいます。この割引率の設定についてはWACC（加重平均資本コスト）といった計算による方法もありますが、最終的には常識的な範囲で自由に設定してもかまいません。民法の法定利息が年3％になっていますのでそれを参考にして3％にしてもよいですし、上記の例のように期待利回りで5％としてもよいです。銀行から融資を受ける際の利率（他人資本の調達コスト）を参考にしてもよいでしょう。

　　ここでは、時世を考慮し、割引率は1％と低めに見積もっておきます。将来の損失を現在価値に返還するために乗じる係数は、1／（1＋割引率）累乗年数で求めることができます。

　　たとえば、1％1年後であれば、1／（1＋0.01）累乗1＝0.99009901÷0.9901になります（なお、5％1年後で上記式に当てはめ計算すると0.95238095238÷0.9524になります。係数をxとした場合の上記の例における等式－105x＝－100と一致することを確認することができます。）。

　　上記表での1年目の売上個数減少による損失は4億2000万円ですが、これを現在価値に換算すると4億2000万円×0.9901÷4億1584万円になります。

　　同様に5年目末までの減益について現在価値に換算しその合計を求めたものが下記表になります。

②販売個数の減少に伴う逸失利益　　　　　　　　　　　　　単位：億円

年　　数	1	2	3	4	5	合　計
減少販売個数（万個）	200	150	100	50	0	500
逸失利益の額	4.2	3.15	2.1	1.05	0	10.5
割引率1％の係数	0.9901	0.980296	0.97059	0.96098		
現在価値	4.1584	3.0879	2.0382	1.0090		10.2936

　　このように計算すると、販売個数の減少による減益は現在価値に換算して約10億2936万円ということになります。

　　ここまでは損失の現在価値換算でしたが、話を変えて次は損益分岐点（CVP）分析について解説します。損益分岐点分析とはその字のとおり利益が出るか損失が出るかの分岐点となる売上等を求める考え方です。これも意識して会社への提言ができるとよいでしょう。

　　損益分岐点となる売上は、

　　損益分岐点売上高＝固定費／１－変動比率

　　変動比率＝変動費／売上高

で求めることができます。

　たとえば、Ｙ１社の洋菓子製造販売部門の固定費が10億円、変動費率が30％とした場合、損益分岐点売上高は10億円／（１－0.3）≒14億2857万円になります。

　なお、損益分岐点販売個数は、損益分岐点売上高÷販売単価で求めることができますから、14億2857万円÷300円＝476万1900個となります。

第4節　パワハラ対応の典型的手法（リスク対応）

本節の理解は、問4及び問5に回答するために必要となります。

1　リスク対応手法の分類と例

　リスクへの対応は、一般的に①移転、②回避、③低減、④保有に分類されます。パワハラへの対応方法もこの分類に基づいて整理することができます。

　移転（①）とは、特定のリスクを他に転嫁・分担することをいい、典型は保険をかけることです。現実に、ハラスメント保険というものが販売されています。ただ、保険でカバーされるのは基本的に金銭賠償に関連する費用のみで、上述した採用力の低下や顧客離れによる損失のすべてが補償されるわけではありませんので、保険に加入したからといってパワハラ対策の必要性が無くなるわけではありません。

　回避（②）とは、リスクの発生原因となる行動自体を採らないことです。たとえば、未払残業代リスクを回避したければ一切の残業を無くせばよいということになりますが、パワハラリスクを回避する方法は「人を雇わない。」「人を使わない。」しかありません。これは現実的には不可能なので、パワハラリスクを回避することできません。そのため、通常は、③の低減策を採用します。

　低減（③）とは、リスクの顕在化率（発生確率）と顕在化時の被害の一方又は両方を低減させることです。分かりやすい例としては、昨今の新型コロナウイルス感染拡大などの有事に備えて主要な原材料の調達先を複数確保しておくことなどが前者の例です。原材料の調達先を複数確保することで「有事の際に原材料の供給がストップして製造・販売もストップし、莫大な機会損失が発生するリスク」の顕在化

率を低減するということです。また、有事の際に速やかに通常運転に復帰するためにコンティンジェンシープランを立案・構築しておくことが後者の例です。有事の際に事業が一時的にストップすることは避けられないとしてもストップしてから通常運転への復帰までの時間を短縮することで被害の拡大（機会損失の増大）を最小化するということです。

　パワハラ対応についていうと、顕在化率を低下させる方法として、（ⅰ）経営陣によるパワハラ禁止の明確化及び周知啓発、（ⅱ）研修等による指導教育、（ⅲ）加害者の厳格な処分と適正な公表、（ⅳ）相談窓口の設置が挙げられます。

　顕在化してしまったときの被害を軽減する方法としては、（ⅳ）相談窓口の設置、（ⅴ）パワハラ事件発生時の適切な初期対応の実施、が挙げられます。

　これらの各手法については後記2で詳しく解説します。

　最後に、保有（④）を紹介します。

　保有とは、特定のリスクをそのまま受容することです。特定のリスクが自社の許容範囲内に収まっているのであれば保有を選択することも十分考慮に値します。リスクをR、対応策によって減じられるリスクをC、残留リスクをEとすると、R－C＝Eとなり、Eが自社の許容範囲Pに収まればよい（E＜P）、というのが基本的な考え方なのですが、何らの対策も行わずとも自社の許容範囲に収まっているのであれば（R＜P）、何も対策を行わないという選択もあり得るのです。

　リスクを全て0にすることができるのがベストですが、経営資源に乏しい中小企業においてそれは現実的でないことがほとんどです。そこで、「顕在化時の損害が○○万円以下と評価されるリスクは、当面の間、保有する。」というように一定の基準をもって自社の許容範囲を定め、戦略的にリスクを保有することも必要になるわけです。

　たとえば、自社において多少パワハラっぽい言動があるとしても、

それに対して従業員がさして苦を感じておらず、問題になったことも
ないようであれば、一時的にパワハラリスクは保有しておき、他の優
先的課題に経営資源を投下した方がよいでしょう。

　リスク対応においても選択と集中の考え方は大切になります。

2　パワハラリスクの具体的軽減策

(1)　はじめに

　さて、それでは先に紹介したパワハラリスク低減策である（ⅰ）経
営陣によるパワハラ禁止の明確化及び周知啓発、（ⅱ）研修等による
指導教育、（ⅲ）加害者の厳格な処分と適正な公表、（ⅳ）相談窓口の
設置、（ⅴ）パワハラ事件発生時の適切な初期対応の実施、について
もう少し詳しく見ていきます。（ⅲ）と（ⅴ）については法律的要素
が多いので、詳しくはそれぞれ第2章第7節と第2章4節で解説しま
す。

　この（ⅲ）及び（ⅴ）について概略だけお話ししておくと、パワハ
ラ行為者に対してはしっかりと懲戒処分を行わなければなりません
し、そのことの公表も必要です。これにより他の従業員に会社の「本
気度」が伝わり、気をつけようという気持ちが生まれるのです。ただ、
行為の内容に照らして重すぎる処分を課すと逆に会社が加害者から訴
えられるような事態に発展しますし、公表の方法も行き過ぎれば違法
になります。

　また、初期対応は極めて重要です。被害を主張する者の主張を鵜呑
みにしてもいけませんし、逆に加害者とされる者の主張を鵜呑みにし
てもいけません。事実の認定と当事者への説明を誤るとその後の対応
はすべて上手くいかなくなります。

　なお、上記5つの対策については厚生労働省から発行されている
「パワーハラスメント対策導入マニュアル（第4版）」にも記載がある
のでそちらも確認いただけるとよいかと思います。以下では、同マ

ニュアルでは語られていない弁護士の視点からの見解を述べます。

(2)　経営陣によるパワハラ禁止の明確化及び周知啓発

まず、（ⅰ）経営陣によるパワハラ禁止の明確化及び周知啓発ですが、実はこれが最も重要といえるかもしれません。基本的には社長の名前で「我が社ではパワハラを絶対に許さない。パワハラを行ったものは厳正に処分する。」といったメッセージを発信するのです。方法は、朝礼のような場での発表でもよいですし、ポスターを作成して掲示する方法でもよく、要は従業員全員に「パワハラを許さない！」というメッセージが伝わればよいのです。パワハラを行った者を処分するため、就業規則にパワハラの禁止とこれに反した場合には懲戒処分とする旨の記載をすることも広い意味ではパワハラ禁止の明確化といえるでしょう（記載例は同マニュアルにあるので参考にしてください〈188頁〉。）。

ただ、本当に重要なことはこのような表面的なことではありません。

パワハラ禁止を明確化する上で最も重要なことは経営陣がパワハラをしないことです（勿論、パワハラ禁止を推進する部門の従業員も、です。）。

いくら上記のようなメッセージの発信を行っても、社長が従業員に対して「この能無しが！辞めてしまえ！」などと言っているのを従業員が見たらどう思うのか、考えていただければ分かると思います。

経営陣が厳にパワハラを行わない。言葉ではなく行動、これが最も重要なパワハラ禁止の明確化策です。

(3)　研修等による指導教育

次は、（ⅱ）研修等による指導教育です。

研修等の内容について詳細に解説することはしませんが、研修では、最低限、①どういった言動がパワハラになるのか、②パワハラと認定された場合にはどうなるのか、③パワハラをしないためにどうしたらよいのか、が含まれていなければなりません。

そもそもどういった言動がパワハラになるのか分からないとパワハラを回避しようがありませんので、①が必須となります。これは厚生労働省からも例が示されていますし（213頁参照）、本書でも裁判例を紹介していますので（第2章第2節〈53頁〉参照）、参考にしてください。

②ですが、これは例示が具体的であればあるほど良いです。「懲戒処分されます。」とか「損害賠償請求されます。」といった抽象的な「どうなる」を話しても意味がありません。

パワハラが生じる原因の1つは想像力の欠如にあります。つまり、自身のパワハラ行為がどのような結果をもたらすのか想像ができず、それゆえ真剣にパワハラ行為を止めようとしないのです。

このような観点から、たとえば上記の例でいえば裁判例を紹介して、「自社に当てはめた場合には、もし当社の新人が自殺するような事態にでもなれば○○○○万円くらいの損害賠償をあなたが請求されることになります。そうするとあなたは破産することになるでしょうし、家族はどう思うでしょうね。」といったように万が一のことがあったときを想像できるように具体的に話をする必要があるというわけです。

ただ、このようないわば「脅し」だけではパワハラを予防することはできません。人はそれでも「まさか自分が」と考えるものです。

そこで、最後の③の「では、どうしたらパワハラは予防できるのか」ですが、残念ながらこれをやっておけば100％という施策はありません。ただ、パワハラは多くの場合、怒りを制御できないことに起因して発生していますので、アンガーマネジメントは有効といえます。

「叱ることはあってもよいが怒ってはならない。」という名言のとおり、叱るということは理性に基づいて行うものであって、業務上良い結果に繋がるのに対し、怒るということは感情に基づいて行うことであって大体の場合業務上悪い結果を招きます。

　しかし、怒りの感情を制御するのは大変なことです。あなた自身が膨大な業務に追われるなか、部下が不始末を起こせば怒りの感情も湧いてくるでしょう。

　なぜ怒りの感情を制御しなければならないのか、その問いに対する答えを研修等によりしっかりと腹落ちさせないと、怒りの感情制御は長く持ちません。何か適当な理由を見つけてより楽な「怒りの感情を制御しない。」という態度に戻っていきます。

　では、なぜ、ビジネスの場面において、怒りの感情を制御しなければならないのでしょうか（プライベートでも怒りの感情は制御できることが望ましいですが、とりあえずここではビジネスの場面に絞って話を進めます。）。

　1つは、先ほど述べたとおり訴えられて破産するなど「不幸」にならないためです。

　もう1つは、思うに「幸せ」になるためです。

　「急に話が大きくなったな。」と思われるかもしれません。つまりは、こういうことです。

　すなわち、上司が怒りの感情を制御せず対外的に怒りの感情を剥き出しにしてミスをした部下と接したとします。その部下は当然としてその様子を見た人たちはその上司とはなるべく接しないようにするでしょう。逆に、怒りの感情を制御し、部下と一緒になってミスの原因を究明し、何が悪かったのかを適確に指摘して、具体的な再発防止策を考えたとします。その姿を見た人たちは、その上司と積極的にコミュニケーションを取ろうとしてくるようになるでしょう。そのことが、その上司自身の成長につながります。

　怒りの感情に任せて怒られた部下はその上司の怒りを買わないように萎縮して仕事をするようになり、成長が阻害され、パフォーマンスが低下します。さらに悪くなると、本事案のXのように精神疾患に罹患し、退職してしまうことにもなりえます。そうすると、その上司は

いつまでたっても部下に仕事を任せることができないでしょう。逆に、その上司と信頼関係で結ばれた部下はミスを過度に恐れずに仕事をするようになり、パフォーマンスが向上します。その上司になるべく迷惑をかけたくないと率先して仕事をすることもあるでしょう。そうすると、その上司は仕事を部下に任せることができるようになり、空いた時間を新たな仕事へのチャレンジ、能力開発、家族のためなどに使うことができるようになります。

　結果として、怒りを制御して部下を「叱れる」人間になることが、上司自身の幸せになるというわけです。

　勿論、上司と部下のパフォーマンスが向上するわけですから会社も嬉しいということになります。ですが、この順番を誤ってはいけません。あくまで、自分が幸せになるために怒りの感情を制御するのであって、会社のために怒りの感情を制御するのではありません。他者の為、という動機付けは長続きしないことが多いのです。

　以上のとおり、どのようにしてパワハラ言動を抑制するのかについては心理学的要素も絡んできます。したがって、その道の専門家の助力も得ながら仕組み作りを考えていくのがよいでしょう。

(4)　相談窓口の設置

　最後に、相談窓口の設置です。これがないと話になりません。

　仮に、相談窓口がない場合、パワハラ被害者は外部（労働基準監督署や弁護士など）に相談するほかありません。そして、最悪の場合、「いきなり従業員から訴えられた。」ということになるのです。逆に、相談窓口がある場合、従業員が相談に来た時点で問題を把握でき、会社の自浄作用により穏当な解決に導く機会が生まれます。社内での解決プロセスを通じて、社内でのパワハラ対応ノウハウが蓄積されますし、事態が公になることによるレピュテーションリスクも避けることができます。いきなり訴えられても何も良い事はありません。

　もちろん、相談窓口は設置するだけでは意味がなく、きちんと従業

員全員に周知される必要があります。また、相談をしたことを理由に不利益を課さないことや秘密を守ることも明確にしておく必要があります。

　相談窓口に被害を受けたと主張する者から実際に相談の連絡があった後の対応については第2章第4節（80頁）で解説します。もっとも、誰でも簡単にできるというものでもないので、初期対応についてはマニュアル等を整備しておいた方がよいでしょう。

第5節　パワハラ上司が仕事のできる人だったら放置する？（比較衡量）

　本節の理解は、問5に回答するために必要となります。

　筆者の拙い経験ですが、パワハラを行う人物には、なぜか「仕事ができる人」が多いように思います。部下を成長させることも含めて「仕事」と捉えるのであれば、厳密には「仕事ができる人」と表現するのは妥当ではなく、「高い売上をあげることが出来る人」の方がニュアンスとして近いのかもしれません。

　結果が出せるからこそ「こんなことも出来ないのか。馬鹿じゃないのか！」「君みたいな無能な人間はいくらでも替えがきくんだぞ！」などと結果を出せない人に対する配慮を欠いてしまうのかもしれません。

　それはともかくとして、実際にパワハラ加害者がいわゆる「仕事ができる人」だと会社は困ります。

　会社はこのように考えます。

　「○○さんをパワハラで注意したとして、機嫌を損ねて退職されたらどうしよう。そこまでの事態にならないとしても、やる気を無くして売上をあげてくれなくなったらどうしよう。」と。

　このような考えに対し、「パワハラは違法なんだから、そんなことを気にしてはいけません。処分すべきです。」と言うのは簡単です。ですが、そのような抽象的な正論のみで経営陣を説得することはできるでしょうか。

　本事案の総務部長のように「なるべく穏便に解決しなさい。」と返されそうです。

　経営責任を負う経営陣を説得するには、生じるリスクを数値化して比較し、どのような選択をするべきかを説得的に説明する必要があ

ります。たとえば、加害者を転勤させるという具体案を提示し、「加害者を転勤させるリスク」と「加害者を放置するリスク」を数値化し、両者を比較して、どちらの方が会社にとってマイナスなのかを説明するといった具合です。

　このようなリスクの定量化の方法や比較衡量の手法は第3章にて詳しく解説します。

　なので、ここでは、具体的な数値化の方法については一旦置いておき、比較衡量の考え方について少し掘り下げてみます。

　比較衡量というと天秤がイメージされますね。弁護士バッチに天秤が描かれていますし、テミス像（目隠しをして両手に剣と天秤を持った女性の像で、司法の公平性と強制力を表していると言われています。一度はどこかで見たことがあるのではないでしょうか。）も天秤を持っています。

　比較衡量は、相対立する2つの利益を比較することで意思決定を行う手法です。法律の世界では、人権を制限する法律の合憲性を審査するために用いられたりしますが（当該法律により人権を制限することで得られる利益と当該法律により制限される人権の内容・程度を比較して、前者の価値が高いといえる場合には合憲として人権制限を認める、など。）、リスク対応における意思決定においても用いることができます。

　前述のとおり、ある対策Aとある対策Bを天秤に乗せて比較し、Aを採用する方がBを採用するよりも損害の発生を減少させられると分かればAを採用し、逆ならBを採用するというわけです。

　この比較衡量という手法は、一見、対立する利益や両立しない策同士の比較を行った上で意思決定を行うという点で公平かつ合理的な手法であるかのように見えますが、次に述べる点に注意しなければ公平性ひいては他者への説得力を持つことができません。

　それは、天秤に乗せたものをどう評価するのかという評価基準が定

まっていなければならないということです。物事の価値基準といってもよいでしょう。これが統一されていないと、結局、判断者次第で結論がまちまちということになってしまいます。

　先ほど挙げた人権を制限する法律でいえば、法律を制定する国家側の利益と、人権を制限される国民側の利益を比べるわけですが、国家権力に近い高級官僚のような人間が判断すれば前者を重く評価して後者を低く評価し、逆に国家権力から遠い人間が判断すれば前者を低く評価して後者を高く評価するということが発生します。このようになってくると、比較衡量とはいいながらただ判断者の主観で物事を決めているという批判を受けることになるのです。

　このような事態を避けるためには、ある価値基準に基づいて比較対象となるそれぞれの利益や策を数値化する手順を予め定めておき、その手順に則って数値化を行って比較をする必要があります。判断者の主観を取り込む「係数」のようなものを算式に入れて、ある程度の柔軟性をもたせてもよいでしょう。

　では、算式の根拠となる価値基準はどのように定まるのでしょうか。

　法律の世界では、最高の価値基準は憲法です。では、会社における最高の価値基準は何でしょうか？

　そのとおり、経営理念です。もう少しブレイクダウンした行動憲章などでもよいでしょう。

　名称はともかく、会社が定義した会社のあるべき姿、これが最高の価値基準になり、算式を考える上での基準となります。

　Ｙ１社では「人」をかなり重視していますし、「人」が競争力の源泉となっているようですから（巻末資料１参照〈187頁〉）、単純に法的損害だけを予想して比較するというだけで済まなさそうです。

　具体的な検討例については第４章第６節（178頁）で示していますので、参考にしていただければと思います。

　ところで、ここまで読んでいただいた方の中には「何でもかんでも

数字にしないといけないのか。」と思われる方もいらっしゃるかもしれません。

　この点、著者の考えは「無理のない範囲で数値化した方がよいと思うが、数値化の難しいものは無理に数値化しなくてもよい。」です。

　定量評価＋定性評価でよいという中途半端な考え方ですが、実際問題として全てを数値化することはできませんし、数値化すること自体に多くの手間がかかりますので、何でもかんでも数値化するというのは現実的ではありません。また、数値化したところでその数値は会社の価値基準に基づいて算出されているわけですから、究極的には会社の価値観こそが最も重要なわけです。

　それでも、著者が数値化を推奨する理由は、検証可能性の確保にあります。

　数値化せずに定性評価のみで「何となく」決めたことが、あとで過ちであったと判明した場合や過ちであったとまではいえないまでもより良い他の選択肢があったのではないかという議論になった場合、どうすれば良かったのかを検証しようとしても「何となく」決めているので「何となく」な検証しかできず、十分な学習が得られません。定量化していた方が、あとになって検証した際に、どのような考慮要素を見落とし、またどの考慮要素の評価を見誤ったのか、さらには将来に向けて今後はどう物事を考えて意思決定をした方がよいのかを導きやすいのです。

　なお、極端な話のように聞こえるかもしれませんが、個別の事案単位での計算ではなく、組織全体におけるパワハラリスクの評価に基づき、「パワハラは絶対に許さん！」という価値判断を行い、売上が下がろうが加害者から訴えられようが絶対に重く処分する（個別事案の処理において全く数値化を行わないし、重い処分を課するという選択以外の選択肢も考慮しない。）、という方針を採用することもあり得ます。

　本書は主として個別事案というミクロの視点でリスクの数値化手法を解説していますが、会社全体というマクロの視点でリスクを評価した際にミクロの検討をするまでもなく対応が一律に決定されることもあるということです。典型例としては、食品製造業における有害物質使用リスクが挙げられます。会社の存続を考えたときに絶対的に許容できないリスクというものがあり、そのようなリスクに対しては個別的に対応するというよりも予め一律に合理的な対応を決めておき従業員に周知徹底しておいた方が良いこともあります。

　自社にとって、絶対的に許容できないリスクが一体何なのかも検討しておいた方がよいといえるでしょう。

第6節　第1章のまとめ

■　第1節

　実際のパワハラ対応においては、被害を受けたと主張する者から相談があった段階ですぐに事実関係を確定できるわけではありませんし、確実な適法違法の判断ができるわけでもありません。パワハラ担当者であるあなたは、黒になるか白になるのか分からないという不確実性の高い状況において意思決定を行い、かつ上長にも自らが決めた対応を説得的に説明しなければならないのです。

■　第2節

　あなたに任された仕事がパワハラ対応のみでない場合は、あなたは優先順位をつけて処理に当たらなければなりません。優先順位をつけるためにリスクマップを作成することが有用です。

　リスクマップの作成により、リスクは認識・評価され、優先順位が明らかになります。

■　第3節

　あなたはリスクを可能な限り数値化しなければなりません。

　リスクが顕在化したときの損害は「法的損害」と「法的損害以外の損害」に分けることができます。法的損害はある程度定型的に計算できますが（詳しくは第2章第3節参照〈61頁〉）、法的損害以外の損害の計算は難しいことが多いです。しかし、想像力を働かせて一定の算出を試みる必要があります。

　リスクの評価額は、基本的に当該リスクが顕在化した場合の（法的損害＋法的損害以外の損害）×発生確率（顕在化確率）により求められますが、ある決定後にさらにいくつかの選択肢が現れる場合、「決定の木」という手法を用いないと正しいリスク評価ができません。こ

の「決定の木」については第3章で学習します。

■　第4節

　リスクへの対応は、一般的に①移転、②回避、③低減、④保有に分類され、パワハラリスクの低減（③）策としては、（ⅰ）経営陣によるパワハラ禁止の明確化及び周知啓発、（ⅱ）研修等による指導教育、（ⅲ）加害者の厳格な処分と適正な公表、（ⅳ）相談窓口の設置、（ⅴ）パワハラ事件発生時の適切な初期対応の実施、が挙げられます。

　（ⅲ）と（ⅴ）については、それぞれ第2章第7節（118頁）、第4節（80頁）で学習します。

■　第5節

　合理的な選択を行うため、また他者を説得するために比較衡量（両立しない利益や策を比較してどちらの価値が高くなるのかにより意思決定を行う手法）は有用です。ただ、比較衡量を行うためには、評価基準が統一されていなければなりません。そして、評価基準は会社の最高価値基準である経営理念等により決します。

　比較衡量の際に天秤に乗せるリスクは可能な限り数値化（定量評価）された方がよいですが、定性評価を完全に排除する必要はありません。

■　第1章のおわりに

　次章からは本格的にパワハラに関する法律実務や数値化（定量評価）の手法を学習していきます。

　この時点で伝えておきたいことは、パワハラ担当者の手腕により会社のみならずパワハラ被害者・加害者の得喪は大きな影響を受けるということです。

第2章

パワハラに関する法律実務の基礎

 第1節　法律の世界での「パワハラ」とは（定義・法的責任）

　本節の理解は、問1、問4及び問5の回答に必要になります。

1　パワハラの定義

　パワハラを論ずるに当たって、まず「パワハラ」とは何かその定義を明らかにしなければなりません。

　事業主にパワハラ防止を義務付けている労働施策総合推進法の条項を見てみましょう。

（雇用管理上の措置等）

第三十条の二　事業主は、職場において行われる優越的な関係を背景とした言動であつて、業務上必要かつ相当な範囲を超えたものによりその雇用する労働者の就業環境が害されることのないよう、当該労働者からの相談に応じ、適切に対応するために必要な体制の整備その他の雇用管理上必要な措置を講じなければならない。

　これだと分かりづらいですね。同条第3項に基づき厚生労働大臣の

指針（詳しくは**巻末資料8**を参照〈213頁〉）が示されているので、そちらの方を見てみましょう。同指針によると、職場におけるパワーハラスメントとは、

　職場において行われる①優越的な関係を背景とした言動であって、②業務上必要かつ相当な範囲を超えたものにより、③労働者の就業環境が害されるものであり、①から③までの要素を全て満たすものをいう。なお、客観的にみて、業務上必要かつ相当な範囲で行われる適正な業務指示や指導については、職場におけるパワーハラスメントには該当しない。

　ということです。少し、明確になりましたね。しかし、これでもかなり曖昧です。

　政府も国民から「結局、どういう場合がパワハラに該当するのかよく分からない」という声が出るであろうことを予想して、上記指針においてパワハラに該当する例を示しています。少し長いですが**巻末資料8**をご覧ください。

　いかがでしょうか。

　これで「どのような行為がパワハラに該当するのかよく分かりました！」・・・とはならないと思います。「精神的な攻撃」のところを見ると、叱るときに他の労働者がいる面前（メールであれば他の従業員も見るメール）で行うことは避けた方がよいということは何となく分かりますが、具体的にどのような言動が「人格を否定するような言動」に該当するのか判断できませんし、「業務の遂行に関する必要以上に長時間にわたる厳しい叱責を繰り返し行うこと。」についていえば、具体的に何時間の叱責がこれに該当するのか、何回行えば「繰り返し」に該当するのかも判断できません。

　では、個別の事案において、我々はパワハラ加害者とされる者の行為がパワハラに該当するかどうかをどのように判断すればよいのでしょうか。

　その答えは、裁判例です。

　裁判例とは、過去に裁判所が出した判決等です。過去に、訴訟等で個々の具体的な行為がパワハラに該当するかどうか争われ、裁判所が「これはパワハラに該当する。」「これはパワハラに該当しない。」という判断を示しているのです。たとえば、サントリーホールディングスほか事件　東京地裁平成26年7月31日判決　労働判例1107号55頁において「おまえは馬鹿」という発言は違法と判断されており、これによりこの言動に類する発言はパワハラに該当すると判断できるわけです（厳密には、裁判官によって判断が異なることがありますので、ある行為がある裁判所の裁判例で違法とされたからといって必ず他の裁判所で違法と判断されるわけでありません。但し、裁判官も他の裁判官が示している判断は参考にしますから、基本的には裁判例で違法との判断が示されている＝今回も違法の判決を貰うことになる、と考えておいた方がよいでしょう。）。

　実は、厚生労働省が作成している指針やマニュアルなども裁判例を参考にして作成されています。過去の膨大な裁判例を全て紹介するわけにはいかないので、「身体的な攻撃」「精神的な攻撃」というように裁判所においてパワハラと判断とされた言動を類型化して、類型別にパワハラ言動の内容を抽象化したものを示しているのです。

　裁判例を調べる方法については、①裁判例を集めた書籍・雑誌を購入して読む（労働判例誌等）、②裁判例の検索システムを導入する（判例秘書等）、などがあります。①の書籍については、実際の裁判例を要約したものが掲載されており、原文がそのまま掲載されているわけではないので（紙面の関係で必然的にそうなりますが・・・）、より詳細な事実関係を確認するために原文まで確認しようとすると②が必須ということになります。

　判例検索システムというと何だかとてもお金がかかりそうですが、概ね月1万円で導入できます。「パワハラ」などのワード検索でパワ

ハラに関連する裁判例のみをピックアップする機能なども備えており非常に便利なツールなので、会社に相談して導入してもらうことをお勧めます（なお、弁護士で判例検索システムを導入していない人はいないので、顧問弁護士がいる会社の場合、弁護士にお任せということでも対処は可能です。）。

　裁判例においてパワハラに該当するとされた言動の全てを紹介するのは紙面の関係で不可能ですし、本書の主眼とするところでもないので、本章第2節では上記指針に示されている類型別に参考度の高い裁判例を1つだけ紹介しています。

2　パワハラに関連する法的責任

(1)　責任を負う者たち

　実際にパワハラがあったとして、法律的には、誰が、どのような責任を負うのでしょうか。

　結論として、加害者は被害者に対して民法第709条により損害賠償義務を負い、加害者を雇っている会社は被害者に対して民法第715条第1項により損害賠償責任を負います。加害者と会社の責任は連帯責任となります。もし、会社が被害者に賠償した場合、会社は加害者に「求償」といって賠償額の全部又は一部を請求することができます（なお、一切の求償が認められない場合もあります。）。

　会社は従業員等に対して安全配慮義務を負っており、この違反ということで損害賠償義務を負うこともあります（民法第415条）。

　なお、具体的な損害賠償額の計算方法については、本章第3節で解説していますのでそちらをご確認ください。

　以下、上記条文を掲載していますのでご覧ください。特に重要なのは民法709条です（この条文の解説だけで1冊の本が出来てしまうレベルです。）。

（不法行為による損害賠償）

第七百九条　故意又は過失によって他人の権利又は法律上保護される利益を侵害した者は、これによって生じた損害を賠償する責任を負う。

（使用者等の責任）

第七百十五条　ある事業のために他人を使用する者は、被用者がその事業の執行について第三者に加えた損害を賠償する責任を負う。ただし、使用者が被用者の選任及びその事業の監督について相当の注意をしたとき、又は相当の注意をしても損害が生ずべきであったときは、この限りでない。

2　使用者に代わって事業を監督する者も、前項の責任を負う。

3　前二項の規定は、使用者又は監督者から被用者に対する求償権の行使を妨げない。

（債務不履行による損害賠償）

第四百十五条　債務者がその債務の本旨に従った履行をしないとき又は債務の履行が不能であるときは、債権者は、これによって生じた損害の賠償を請求することができる。ただし、その債務の不履行が契約その他の債務の発生原因及び取引上の社会通念に照らして債務者の責めに帰することができない事由によるものであるときは、この限りでない。

2　省略

　民法第709条のタイトルに「不法行為」とあり、民法上はこの不法行為に該当した場合に損害賠償義務を負うわけですが、パワハラが不法行為に該当するとは書いていません。

　つまり、厳密には、違法とまではいえないパワハラと不法行為に該当して違法となるパワハラがあるということになります。ただ、違法とは評価されないパワハラに該当するかどうかを議論する実益は乏し

いので、本書では以後パワハラといったときは違法と評価されるパワハラを指すものとします。

　パワハラを行った加害者が被害者に対して損害賠償義務を負う、これは分かりやすいところです（民法第709条）。では、なぜ会社まで責任を負うということになっているのでしょうか（民法第715条、同法第415条）。

　法律は、報償責任という考え方を採用しています。「利益の帰するところに損失も帰する」という考え方で、会社は労働者を使用して利益を得ている以上、労働者によって発生した損失も負担すべきと考えるのです。民法第715条但し書は「ただし、使用者が被用者の選任及びその事業の監督について相当の注意をしたとき、又は相当の注意をしても損害が生ずべきであったときは、この限りでない。」とし、会社がパワハラを発生させないよう十分に注意をしていた場合には会社に責任を負わせないとしています。しかし、根底にはこの報償責任の考えがあるため、実務的には会社の「相当の注意をしていた。」「相当の注意をしていたとしても損害の発生は回避できなかった。」という反論は簡単には認められていません。そのため、会社が責任を免れるためには、本書や厚生労働省の示す対策をしっかりと行い、それを証拠として示すことができるようにしておかなければならないのです。

　最後に、取締役等の役員の責任についても触れます。この点は、経営陣の説得のために重要な知識となります。

　取締役等の役員個人も上記の民法709条の要件を充たす限りで当然に損害賠償義務を負います。役員自身が被害者にパワハラ行為を行った場合が典型です。

　しかし、役員は、自身がパワハラを行わなくても職場においてパワハラが現に行われていることを認識しながらパワハラ防止策を講じずに放置するなどした場合、会社法に基づいて会社や被害者に対して損害賠償義務を負うことがあります。

　根拠となる会社法の条文は以下のとおりです。

（役員等の株式会社に対する損害賠償責任）

第四百二十三条　取締役、会計参与、監査役、執行役又は会計監査人
　（以下この節において「役員等」という。）は、その任務を怠ったと
　きは、株式会社に対し、これによって生じた損害を賠償する責任を
　負う。

2　以下、略

（役員等の第三者に対する損害賠償責任）

第四百二十九条　役員等がその職務を行うについて悪意又は重大な過
　失があったときは、当該役員等は、これによって第三者に生じた損
　害を賠償する責任を負う。

2　以下、略

　第423条は「任務」、第429条は「職務」という言葉を使っています
が、パワハラ防止は正に役員の「任務」「職務」であることから、パ
ワハラ防止措置の実施を怠った場合には法的責任を負うというわけで
す。

　パワハラ事案以外のものでは、会社法第423条の事案では、会社が
基準値を超える有害物質を含む土壌埋戻材を生産・販売していること
を知りながら放置した取締役に対し、会社が回収しなければならなく
なった当該土壌埋戻材の回収費用である約485億円の賠償を命じたも
のが（損害賠償等請求事件　大阪地裁平成24年6月29日判決　ジュリ
スト1453号105頁）、同法第429条の事案では、労働者の生命・健康を
損なわない体制を構築し、長時間労働を是正する義務を怠ったとし
て、いわゆる過労死にかかる損害として取締役個人に連帯して約8000
万円の賠償を命じたものがあります（大庄ほか事件　大阪高裁平成23
年5月25日判決　労働判例1033号24頁）。

　パワハラ事案では、飲食店勤務の労働者が長時間労働とパワハラが原因でうつ病を発症して自殺したという事案で、代表取締役について長時間労働もパワハラも容易に認識しえたにもかかわらず何らの防止措置も採らなかったということで同法第429条第1項に基づき約2900万円の賠償が命じられています（サン・チャレンジほか事件　東京地裁平成26年11月4日判決　労働判例1109号34頁）。

　このように、パワハラ事案においても役員個人が多額の賠償責任を負うことがあります。パワハラ防止が会社の義務として法律に明示された以上、今後は会社の責任と併せて役員個人の責任も問う訴訟が増えるかもしれません。

3　要件事実と訴訟実務

　ところで、本事案では、XはY2が机を叩いて「頼んでいた資料はできたんですか。できてないんでしょ。座っているだけで給料をもらえていいですね。あなたのような無能な人にはもう何も頼みませんから。よくそんなので会社に来られますね。」と言ったと主張し（以下、「本件係争行為」といいます。）、Y2はそのようなことは言っていないと事実を否定しています。

　では、事案を処理するにあたって、Xが本件係争行為のあったことを立証（証明）しないといけないと考えるべきでしょうか、それともY2が本件係争行為のなかったことを立証（証明）しないといけないと考えるべきでしょうか。

　この点を誤ると後の処理も全て誤ることになります。

　結論としては、Xが本件係争行為のあったことを証明する責任を負います。つまり、パワハラ担当者も「Y2の言うことが本当だと認定できるか。」ではなく「Xの言うことが本当だと認定できるか。」という観点から事実の調査をしていかなければならないということになります。

　「Xがパワハラを受けたと主張しているのだからXが立証すべきな

のは当然だ。」と言われればそんなに疑問はありませんが。では前述の民法第715条但し書の「会社は相当の注意をしていた。」という点についてＸが「会社が相当の注意をしていなかったこと」を証明しないといけないのでしょうか、それともＹ１社が「会社が相当の注意をしたこと」を証明しなければならないのでしょうか。Ｙ２に対するのと同様に「ＸがＹ１社に損害賠償請求しているのだからＸにおいてＹ１社が相当の注意をしていなかったことを証明すべきだ。」といえるでしょうか。

　実は、訴訟において誰がどのような事実を証明しなければならないかというのは決まっています。証明する責任を負うという意味で「立証責任」といわれます。証明する責任を負うということは、言い換えれば、証明しなければならない事実を証明できなかった場合（＝真偽不明に終わった場合）、敗訴してしまう（請求が認められないことになる）ということです。たとえば、本事案でＸがＡないしＥの事実について立証責任を負うとした場合、ＸはＡないしＥのいずれか１つでも立証できなかった（すなわち真偽不明に終わった）場合には、Ｙ１社及びＹ２に対する損害賠償請求は認められないことになります。

　誰がどういう事実について立証責任を負うかということを整理する理論を要件事実論というのですが、簡単に言ってしまうと、原則として、権利の発生を根拠付ける事実は請求する方が、権利の発生を障害等する事実は請求される方が証明すべきと考えます。加えて、「ないことの証明」はほとんど不可能なので（悪魔の立証と言います）、当事者に「ないことの証明」責任はなるべく負わさないという考慮もなされています。

　請求側がまず立証しなければならない事実を請求原因事実といい、請求原因事実の証明がなければその時点で請求側の敗訴となります。そのため、被請求側は「請求原因事実に該当する事実はない。真実はこうだ。」などとして争います。請求原因事実が立証されたとした場

合、それで被請求側の敗訴が確定するかというとそういうわけではなく、請求原因事実と両立する事実で、請求する側が主張する権利の発生を障害等する事実を主張立証すれば勝訴することができます。これを「抗弁」といいます。さらに被請求側において抗弁に該当する事実が主張立証されたとしても、請求側はさらに「再抗弁」を主張立証することにより勝訴できる・・・というように立証責任は構造化されています。

　では、パワハラ事案についての立証責任がどう配分されているのかというと以下のようになります。以下の例では、XがY1社とY2に民法709条及び民法715条に基づいて損害賠償請求するということを前提として、典型的な抗弁のみを紹介しています。

〈請求原因事実〉

ア　Y2に対する損害賠償請求（民法第709条）

　㋐　Y2の行為によりXの権利又は法律上保護される利益が侵害されたこと

　㋑　上記㋐の行為につき、Y2に故意又は過失があったこと

　※　とりあえず、「故意」とは「わざと」という意味、「過失」とは「不注意で」という意味と理解しておけば足ります。

　㋒　Xに損害が発生したこと及びその額

　㋓　上記㋐の行為と㋒の損害との相当因果関係

イ　Y1社に対する損害賠償請求（民法第715条柱書）

　上記アの事実に加えて、

　㋐　Y2がY1社の被用者であること

　㋑　上記ア㋐のY2の行為がY1社の事業の執行について行われたものであること

〈Y1社の抗弁（民法第715条第1項但し書）〉

ア　Y2の選任及び監督について相当の注意をしたこと、又は相当の

　注意をしてもXの損害が生ずべきであったこと

　こうやってみると何だか難しそうですが、損害賠償を認めるべきだといえるようなパワハラ行為があれば請求原因のア㋐㋑は認められますし、最低でも慰謝料くらいの損害は認められますので、ほぼ自動的にア㋒㋓も認められます。イ㋐㋑事実も容易に立証されることがほとんどです。

　そして、前述のとおり、民法第715条但し書の抗弁はあまり認められないので、被請求側は「パワハラ行為が立証されればほぼ敗訴する。」ということになります。

　パワハラ担当者としては、①パワハラ行為があったことの立証責任は被害を主張する者が負うこと、②相当な注意をしたことは会社が立証責任を負うこと、の2つを押さえておけば十分です。

第2節　どこからがパワハラ？（裁判例の紹介）

　本節の理解は、問1の回答に必要になります。

　この節では、前掲の厚生労働省の指針で示されている類型別に、限界事例といえるような裁判例や典型例といえる裁判例を1つずつ簡単に紹介します。

　限界事例というのは、ある事実関係においてギリギリ違法になっている、若しくはギリギリ適法になっている事例のことです。たとえば、「精神的な攻撃」の例でいえば、毎日「馬鹿が！」などと言っていれば誰がどう評価しても違法なパワハラ行為です。ですが、ミスをした部下に1対1の状況で「あんたなんか要らないんだよ。」と言ったとすればどうでしょうか。人によって判断が分かれると思います。

　本節では、違法になるかならないか微妙な領域・・・そのような領域に属する事実関係において下された「違法」評価の裁判例を紹介しています。

　パワハラ担当者は、「これと同等若しくはこれ以上の事実があれば違法になる。」と覚えておいてください。人が死亡するような事件が発生するまで事態を静観するのではなく、これらの事案のような軽微な違法行為が確認された段階で予防の徹底を図ることが大切です。

1　身体的な攻撃（暴行・傷害）

(1)　裁判例（公立八鹿病院組合ほか事件　広島高裁松江支部平成27年3月18日判決　労働判例1118号25頁）の要約

　ア　事実関係

　医師免許を取得したばかりで経験があるとはいえない労働者であ

る医師に対し、不適切な行動があったため、上司である医師が握り拳で1回、ノックするように労働者の頭を叩き、危ないと注意した。

　イ　裁判所の判断

　　上司の行為は、社会通念上許容される指導又は叱責の範囲を明らかに超えるものとした。

(2)　解説

　この裁判例からも分かるとおり、身体接触を伴う指導はほぼパワハラと認定されます。具体的な状況にもよりますが、暴力は原則として違法になると肝に銘じておきましょう。

2　精神的な攻撃（脅迫・名誉棄損・侮辱・ひどい暴言）

(1)　裁判例（賃金等請求事件　東京地裁平成28年7月26日判決ジュリストL07131618）の要約

　ア　事実関係

　　原告の直属の部長が個別面談において「あんたなんか要らないんだよ。」「こんな出来の悪いのに任せっぱなしにしているからやねぇ、いい加減なことになっちゃうんだよ。」「能力が低いとしか言いようがない。」と述べた。

　イ　裁判所の判断

　　発言の背景に原告に対する業務指導の意図があったとしても、表現として穏当を欠くだけではなく、最早、業務指導の範疇を超えて原告の人格を否定するに至ったといわざるを得ないとの判断を示した。

　　そして、部長の行為は不法行為に該当し、会社も使用者責任を負うとして、慰謝料として25万円と弁護士費用3万円の賠償を命じた。

(2)　解説

　この事案における「部長」は原告の態度に対してよほど怒りを感じていたのだと推察しますが、「能力が低い」「出来が悪い」などの表現

は許されないということを肝に銘じておく必要があるでしょう。これ
らに類する「低能」「無能」などの言葉を使用することも原則として
許されないと解されます。

　実際に能力が不足する従業員に対しては、上記のような人間性全体
を否定するような言動をするのではなく、具体的にどういった能力が
足りなかったのか、その能力を養うためにはどうしたらよいのか、具
体的にどのような行為が不適切であったのか（逆に、どのような行為
が望ましかったのか）、など業務との関係で問題となる能力や行為を
個別的に指摘するようにしましょう。

　それでも能力・行為の改善が見られない場合には、人事考課上のマ
イナス査定、懲戒処分、退職勧奨、解雇などの手段を検討することに
なります。

3　人間関係からの切り離し（隔離・仲間外し・無視）

(1)　裁判例（大和証券ほか1社事件　大阪地裁平27年4月24日判決
　　労働判例1123号133頁）の要約

　ア　事実関係

　　労働者は出向先で営業職として勤務していたところ、①労働者以
外使っておらず、机1台、椅子1台、パソコン1台、電話数台が置
かれた部屋に席を移動され、②営業部員全員が参加する朝礼や会議
に参加を求められず、③共有フォルダにもアクセスできなくされた。

　イ　裁判所の判断

　　まともな処遇とはいい難く、嫌がらせ目的と評価せざるを得ない
とした上で、他のパワハラ行為と併せて会社に慰謝料150万円の支
払を命じた。

(2)　解説

　いわゆる隔離部屋みたいところに移動させることは、その業務上の
必要性がない限り、基本的にパワハラと評価されるといえます。

　この裁判例で「嫌がらせ」目的が認定されているとおり、基本的に「他の全員とは違う取扱い」がなされている場合には、そのような取り扱いをする合理的な業務上の必要性を証明できない限り、嫌がらせ目的が認定されるといってよいでしょう。

4　過大な要求（業務上明らかに不要なことや遂行不可能なことの強制・仕事の妨害）

(1)　裁判例（国・福岡東労基署長（粕屋農協）事件　福岡高裁平成21年5月19日判決　労働判例993号76頁）の要約

　ア　事実関係

　Xは、A農協の職員になって10年経過後、主に集金業務等を行う課に初めて配属された。Xは当時45歳であったが、営業職には向かない性格であり、営業職に就いたことはなかった。A農協もXの性格を認識していたため、Xを上記課に配転する際にはXの意向を確認していた。

　A農協では、毎年各職員の年間獲得目標が設定され、支所全体で目標を達成できない場合、ペナルティとしてその支所の翌年度の年間目標に未達成額を上乗せする連帯責任的な制度となっていた。

　Xには、経験者と同様の3億3500万円の年間目標が定められたが、その達成率は常に最下位で、配転1か月半後にうつ病を発症して自殺した。

　Xの遺族は、労働基準監督署長に対して遺族補償給付等の支給を請求したが不支給処分がなされたため、これを不服として同処分の取消しを求める訴訟を提起した。

　イ　裁判所の判断

　Xの性格を論じた上で、そのような性格が故に長年それに見合った職務に従事してきたXに対し、畑違いの業務を従事させることは、平均的な労働者の観点からしても、過度に大きな心理的負荷を

与えるものであったと認定した。

　そして、新人並みではなく経験者と同様の目標設定を受けたこと、自分が最下位にいることを目の当たりにされ、それが支所全体の連帯責任になりかねないことを懸念せざるを得ない状況に置かれたことから心理的負荷がさらに助長されたことは容易に推認でき、本件精神障害はA農協の業務に起因したといえると認定した。

(2)　解説

　この裁判例は会社の責任についての判断を示したものではありませんが、過大な要求としてパワハラになるかどうかの判断をする際に参考になります。

　この裁判例で重要な点は、訴訟では被害者の性格や従前に従事していた業務、ノルマの設定額、ノルマ不達成の制裁などが細かく考慮されて業務上の指示等が過大なものかどうか判断されるということです。

　総合職として採用した従業員であっても、畑違いの業務に就かせる場合には、いきなり過度なノルマを課したり、過度な心理的負荷を与えるような制裁を課すのは差し控えた方がよいといえるでしょう。

5　過小な要求（業務上の合理性なく能力や経験とかけ離れた程度の低い仕事を命じることや仕事を与えないこと）

(1)　裁判例（バンクオブアメリカイリノイ事件　東京地裁平成7年12月4日判決　労働判例685号17頁）の要約

　ア　事実関係

　　Xは、外資系銀行であるYにおいて当時課長職にあったが、業務多忙を理由に英語研修に参加せず、その他職場研修プログラムの作成に関する報告等もしなかった。

　　その結果、Xは課長職を解かれ、オペレーションズテクニシャンという役職に降格され、役職手当が5000円ほど減額された。

　　その後、XとYの間でXの配転について折衝があったが妥結せ

ず、最終的にＸが総務課長の業務を希望したことから、ＹはＸを総務課の受付業務に配転した。

　その後、業務縮小等に伴い、ＹはＸを解雇した。

イ　裁判所の判断

　裁判所は、①Ｙにおいて総務課の受付は20代前半の契約社員が担当していた業務であり、その業務内容は郵便物の受付、来客の取次等の単純なものであったことなどを指摘して、勤続33年で課長まで経験したＸにふさわしい職場であるとは到底いえず、Ｘが著しく名誉・自尊心を傷つけられたであろうことは推測に難くないとした。

　加えて、②Ｙのマネージャーは原告に対して「エンジョイしているか。」などと話しかけていることなどを指摘し、Ｘに対する受付配転は、Ｘの人格権を侵害し、職場内外で孤立させ、勤労意欲を失わせて退職に追いやる意図をもってなされたものといえ、不法行為を構成すると断じた。

　なお、慰謝料は100万円が相当と判示している。

(2)　解説

　訴訟では、被害者の職歴等と配転先の業務の内容や実際にどのような人物が担当してきたかが詳細に検討されます。本件のように被害者の職歴と配転先の業務内容等がかけ離れていると違法と判断されやすくなります。

　また、この類型のパワハラは、退職に追い込む意図をもって行われることが多いため、配転前後の当事者の言動等についても詳細な認定がなされることが少なくありません。本件のように、配転後のマネージャーが発声した言葉などから退職に追い込む意図が認定される場合もありますので、配転前後の言動には特に注意が必要です。

6　個の侵害（私的なことに過度に立ち入ること）

(1)　裁判例（コスモアークコーポレーション事件　大阪地裁平成25年6月6日　労働判例1082号81頁）の要約

　ア　事実関係

　　美容器具販売代理店Y1に勤務するXは金融業者から借金をしていたところ、上司Y2はXにその返済を指導し、返済の確認のため、約4～6か月にわたり定期的に財布と通帳を検査した。

　　また、XはY2から暴行を受け、Y1に退職届を提出したが、Y2はXに対して引継ぎをしてから辞めるよう指示した。その後、Y2はXに確実に引継ぎをさせるために、Xの自宅を訪ねるなどしてXに運転免許証と携帯電話の提出を求め、これに応じたXからこれらのものを取り上げた。

　　なお、Xは在職中に社内テストでの不正や無断欠勤等で14回の始末書を提出していた。

　イ　裁判所の判断

　　使用者といえども、従業員の私的領域にわたる指導監督権を有するものではないことは当然であって、たとえ私生活面での規律を正すことにより業務の改善に資することが期待されるとしても、そのような目的で所持品検査が正当化される余地はないとした上で、Y2のXに対する一連の暴行及び財布と通帳の点検、運転免許証や携帯電話の取り上げといった私的領域への介入等が、原告に対して相応の精神的苦痛を与えたことは明らかであるとした。

　　結果として、Y2とY1に連帯して慰謝料20万円、治療費約1万円、弁護士費用2万円の支払いを命じた。

(2)　解説

　　私的領域についての指導を行うことが全く許されないというわけではありませんが、本件のように私的な物を取り上げたりすると個を侵害するパワハラ行為として違法の評価を受けてしまいます。

　この裁判例で重要な点は、私的領域への介入が業務改善に資する場合であっても私的領域への介入は許されないとしている点です。この事案においてＸは業務上も非違行為を繰り返していたようで、Ｙらもこの改善のために通帳の点検等に及んだのでしょうが、正当化はされなかったわけです。

　このような従業員に対しては、端的に配転、懲戒処分、退職勧奨・解雇などの措置により対応するほかありません。

　この類型のパワハラに限った話ではありませんが、パワハラに至る背景には、配転、懲戒処分、退職勧奨、解雇などの法律的な対処法に対する不理解があるように思われます。どのように対応してよいか分からないことから身体攻撃・精神攻撃など安易にパワハラ行為に及んでしまっているのではないかということです。

　パワハラ担当者は、法的手段を武器として職務を遂行し、模範たる存在になりましょう。

第3節　法律的な損害賠償の考え方とは（損害論）

本節の理解は、問4に回答するために必要になります。

1　はじめに

リスクを見積もるに際しては、違法な行為の結果として会社にいかなる損害が発生するのかを理解していなければなりません。

本章第1節で紹介した民法の条文を思い出してみてください。民法では「損害の賠償をしなさい。」とは書いてあるものの、具体的にどういう損害項目があって、それぞれについてどのように算定するのかについての詳細は書いていません。

法律の基本的なルールは、加害行為と条件関係がある損害のうち相当因果関係が認められるもののみが賠償の対象となる、です（民法第416条参照）。これはつまりこういうことです。

AさんがBさんのミスに腹を立ててBさんを突き倒し、これによってBさんは転んだときに足首を骨折してしまい、救急車で運ばれたのですが、病院に到着する時に雷が救急車を直撃し、Bさんは感電死したとします。

AさんがBさんを突き倒さなければBさんが雷に打たれて死亡することもなかったのですから、Aさんの加害行為とBさんの死亡との間には「あれなければこれなし」の関係があります。これを条件関係といいます。

では、AさんにBさんの死亡までの責任、言い換えれば死亡に関する損害賠償（後述の死亡慰謝料等）まで負わせてよいのかという話になるのですが、当然そうではなく、Aさんの行為に照らしてAさんに帰責させるのが相当といえるような結果のみがAさんの責任になりま

す。この例でいえば、Ａさんの行為は足首の骨折という結果を招く程度のもので、人の死亡という結果を招くような危険性を有するものではないことを考慮すると、Ｂさんの死亡の結果までをＡさんに帰責させることはできないでしょう。このような場合、Ａさんの行為とＢさんの死亡との間には条件関係はあるけど相当因果関係がない、という言い方になり、ＡさんはＢさんの死亡についてまでは責任を負いません。

　理屈としてこのような考え方なのですが、では、具体的にパワハラ事案についてどのような損害項目が相当因果関係のあるものとして認められ、どのように算出するのかについては、裁判例を学ばなければなりません。

　事件の類型別に、ある程度どのような損害項目が損害として認められ、どのように算定するのかについて体系的な裁判例の整理がなされていますので、ここでは、パワハラ事件においてどのような損害項目が損害として認められ、どのように算定されているのか見ていくことにします。

　なお、本書で紹介しているのはあくまで基本的な考え方や計算式であって全てのケースについて網羅的に算定方法等を解説しているわけではないので、より詳しくは巻末に掲載してある参考書籍（232頁）などを確認していただければと思います。

2　人身傷害系

　人に傷害を負わせた場合の賠償については、交通事故事件に関する裁判例の蓄積により損害賠償理論がかなり発展しています。弁護士であればほぼ確実に持っている「赤い本」と呼ばれる本が代表的な書籍になりますが、書店で購入できる交通事故関連の書籍でも十分に学習できます。

　以下では、パワハラ事案においてよく見る損害項目について見てい

きましょう。

なお、後遺障害に関連する損害については発展的な内容になりますので、以下では省略しています。後遺障害に関連する損害についても学習したい方は、本節の末に載せてある〈一歩前へ　将来に関連する損害についての考え方（73頁）〉をご参照ください。

(1)　治療費

暴行などの結果、被害者が通院を余儀なくされた場合、その治療費が損害として認められます。暴行により怪我をした、というのが分かりやすいケースですが精神的な攻撃によりうつ病等に罹患した場合の治療費も賠償の対象になります。

ただ、通院が続けば続く限り、無限に治療費を支払わないといけないかというとそういうわけではなく、賠償の対象となる治療費は症状等に照らして必要かつ相当と認められる範囲に限られます。たとえば、右手小指にわずかな擦り傷を負っただけなのに半年以上通院したからといって、その治療費全額が損害賠償の対象になるわけではないということです（必要かつ相当と認められるのはせいぜい1回目の治療費くらいでしょう。）。

(2)　通院交通費

通院のために要する交通費も賠償の対象となります。

自家用車による通院の場合には1km15円として計算するのが実務慣行です。

タクシーによる通院は原則として認められず、公共交通機関が使用できるのであればその利用料のみが賠償の対象となります。タクシーが認められるのは両足を骨折した場合など症状に照らして公共交通機関での通院が困難な場合等に限られています。

(3)　慰謝料

通院や入院を余儀なくされたことに対する慰謝料が損害として認められています（「入通院慰謝料」と呼ばれています。）。先ほど紹介し

た「赤い本」と言われる書籍に表の形でまとめられており、たとえば、他覚所見のある傷病の場合で通院1か月であれば28万円、2か月であれば52万円、入院1か月であれば53万円、2か月であれば101万円というように一定の相場が示されています。通院にしても入院にしても長くなれば長くなるほどその分だけ精神的苦痛が大きくなるという考えで慰謝料の金額は増額していきます。

これについても治療費のところと同様で、極めて軽傷であっても長く通院していればそれだけ慰謝料の金額が増えるというわけではなく、症状に照らして必要かつ相当な治療期間分のみが入通院期間として認められ、その限りで慰謝料が算定されます。

ただ、パワハラ事案においては、この入通院慰謝料の相場のみから慰謝料を算定するのではなく、加害行為の悪質さや被害者がパワハラ行為を受けた期間、被害者に生じた傷害等の程度などを総合的に勘案して慰謝料額が決せられています。ですから、パワハラ事案においては単純に入通院期間のみから慰謝料を見積もるのではなく、実際に発生した事案（又は発生しそうな事案）に事実関係の近い裁判例を見つけて、その事案においてどの程度の慰謝料が認められているのかを確認する方が正確な見積りになります。

(4) 休業損害

休業損害とは、傷病によって休業を余儀なくされたことによって得ることができなかった収入で、これも賠償の対象となります。

パワハラにより何らかの傷病が生じて休業した場合、休業前の直近3か月の収入額を直近3か月の日数で割って1日当たりの賃金（基礎収入）を算出し、休業日数を掛けて算定することが多いです。

休業損害についても、治療費・入通院慰謝料と同様に極めて軽傷であるにもかかわらず極めて長期にわたって休業したとしても全休業日数分の賠償が命じられるわけではなく、症状と仕事の内容等に照らして必要かつ相当な期間分に限って賠償が命じられます（先ほどの右手

小指にかすり傷を負った程度であれば、そもそも休業する必要がありませんので休業損害は認められないでしょう。）。

⑸　死亡慰謝料

　不幸にも被害者の方が亡くなってしまった場合、被害者が亡くなる直前に死亡することに対する慰謝料を請求する権利が発生し、その権利を遺族が相続すると考えます。

　これを死亡慰謝料と言いますが、扶養する家族がいるなど一家の支柱たる人については2800万円、母親や配偶者については2500万円、その他の者については2000万円ないし2500万円が一応の目安となっています。

　なお、近親者にも固有の慰謝料として100万円ないし300万円程度の慰謝料が別に認められることもあります。

⑹　死亡逸失利益

　被害者が亡くなってしまった場合、パワハラ行為が原因で死亡さえしなければ67歳まで働き続けて収入を得られたはずだと考えて、67歳までに得られたであろう収入が死亡逸失利益として損害と認められます。算式は以下のとおりです。

　基礎収入額×（1－生活費控除率）×就労可能年数に対応するライプニッツ係数

　基礎収入は原則としてパワハラ行為により収入の減少が生じた年の前年の年収（税金控除前のいわゆる総支給）となります。個人事業主の場合はどのように基礎収入を算定するのかなどの問題もあるのですが、パワハラ事案の場合は被害者が給与所得者であることがほとんどなので、とりあえずはこの程度の理解で十分です。

　生活費控除率とは、年収に対して生活費の占める割合のことです。人間であれば当然生きていれば生活費を支出します。死亡によりその

生活費の支出は無くなることから、その生活費分は損害から控除するのです。これを表しているのが（1 −生活費控除率）となります。裁判例上、概ね30％から50％の範囲内で認定されています。独身女性では30％程度と認定するものが多いようです。

　最後に、就労可能年数に対応するライプニッツ係数ですが、就労可能年数は原則として67歳までの年数と考えられています。単純に（67歳　−　死亡時の年齢）により算出された年数を乗じるわけではなく、この年数に対応したライプニッツ係数を乗じるということになっています。

　ライプニッツ係数は**巻末資料7**（212頁）のように表になっていることが多いです。ライプニッツ係数について詳しく学びたい方は本節末の〈一歩前へ　将来に関連する損害についての考え方（73頁）〉をご参照ください。

3　労働事件系

(1)　逸失利益

　パワハラにより退職せざるを得なくなったと認定された場合（パワハラと退職との間に相当因果関係があるといえる場合）、給与の3か月ないし9か月分程度の逸失利益の賠償が認められることがあります。パワハラによって本来得られていたはずの給与収入を得られなかったということで、損害として認められます。

　退職を余儀なくされた被害者が他の会社に就職した場合については、被害者は本来得られていたはずの給与を失った一方で別に給与を得ているために両者の調整が必要となり、逸失利益の算定方法が複雑になります。

　本書では、この論点までは立ち入りませんが、このような論点があること自体は押さえておいてください。

(2)　慰謝料

労働事件においても慰謝料が損害として認められています。

前記2(3)のところで解説した入通院期間が考慮要素の1つになるほか、加害行為の悪質さや被害者がパワハラ行為を受けた期間、被害者に生じた傷害等の結果の程度などが総合的に勘案されて金額が決せられます。

裁判例を見ると、1回の軽微な暴行・暴言などでは10万円程度の慰謝料しか認められていませんが、継続的な暴行・暴言があったなど行為態様が悪質な場合やうつ病を発症するなど結果が重大な場合には80万円から150万円程度の慰謝料が認められることが多いようです（極めて悪質な事案では300万円以上の慰謝料を認めたものもあります。）。

4　その他

(1)　弁護士費用

被害者が実際に支出した（また支出することになる）弁護士費用全額が賠償の対象となるわけではなく、実務慣行として、裁判所が判決において損害賠償額として妥当と認定した金額の10％程度が相当因果関係ある損害として認められています。

我が国では弁護士による代理が強制されているわけではないので、弁護士費用全額が当然に損害として認められるわけではないのです。

(2)　遅延損害金

判決において加害者及び会社に損害賠償が命じられる場合、不法行為日から起算して年3％の割合で遅延損害金というものが加算されます。たかが3％と思うかもしれませんが、賠償額が多額になると遅延損害金もかなり高額になります。

たとえば、不法行為日が2021年1月1日、賠償額が5000万円、判決日が2021年12月31日とした場合、同日までの遅延損害金は5000万円×3％＝150万円となります。これを1日当たりに換算すると約4110円

（150万円÷365日）です。

5　減額要因

　ここまでは賠償額を積算するための損害項目を解説しました。以下では、逆に賠償額を減ずる要素について解説します。会社側としては是非とも押さえておきたい点になります。

　なお、実際の損害計算では、前記1から3の損害項目について積算を行い、この5の項目について控除計算を行い、控除後の金額を基礎として4の弁護士費用と遅延損害金を計算するという手順になります。

(1)　損益相殺

　いわゆる「二重取り」を防ぐ理論で、簡単に説明すると同一の原因により別に金銭を得ているのであれば、その分は控除するという考え方です。

　典型的なものは労災保険給付です。たとえば、労災保険から休業補償給付がなされた場合に、重ねて会社に対して休業損害の賠償を請求できるとすると二重取りになってしまうので、休業補償給付を受領している金額分は損害額から控除するというわけです。

　一見、簡単な理屈のように思える損益相殺ですが、実は、非常に理解するのが難しい理論です。

　本書ではあまり深入りはしませんが、たとえば、先ほどの労災保険の休業補償給付を例に挙げると、休業補償給付では給付基礎日額の60％に相当する金額が保険金として支給されるのに加えて、「特別支給金」として給付基礎日額の20％に相当する金額も保険金として支給されます。特別支給金も同じ「労災」という同一の原因により支給されているのですから、当然、これも損害額から控除するということになりそうですが、実はそうではなく、判例において特別支給金制度の趣旨等から控除対象にはならないとされています。

　また、被害者に後遺障害が残った場合や死亡してしまった場合には

労災保険から障害補償年金や遺族補償年金などが支給されますが、判例は、これら将来に給付が予定されている労災保険給付についてもその全てを控除対象とすることを認めていません。

　このように、一見、損益相殺として控除してもよさそうな給付についてもその給付の根拠となる法律の趣旨や支給の仕組みなどによって控除が認められていないのです。

　どのような給付が損益相殺の対象となり、またならないのかについて全て解説することはできませんが、「被害者が別に受領している保険金等でも損害額から控除できないものがある。」ということだけは押さえておきましょう。

(2)　過失相殺

　被害者側にも落ち度（過失）がある場合、過失相殺といって損害額から一定割合が控除されます。たとえば、損害額が5000万円でも、被害者に40％の過失があると認定されれば、損害額は5000万円－（1－0.4）＝3000万円と認定されます。この例から分かるとおり、事案によっては過失相殺により数千万円の減額がなされるため被害者の過失が重要な争点となることも少なくありません。

　裁判例の傾向としては、機械作業中の事故などの事案では、被害者が未熟練者などでない場合（言い換えれば、被害者がある程度の経験を有する者であり自身で注意が出来る場合）、被害者側に一定の過失を認めて過失相殺をする傾向にあります（8割といったかなりの割合による過失相殺がなされることもあります。）。

　では、パワハラ事案ではどうかというと、あまり過失相殺は行われていません。パワハラ自体が専ら加害者の意思で行われるもので被害者には特段の落ち度がないことが多いからです。パワハラは、被害者に仕事上の不手際があったことを契機として行われることが多く、会社側がその点を過失相殺事由として主張することもあります。しかし、仕事で不手際をした者に対してはパワハラをしてもよいという理

屈は是認し難いので、判決においてかかる主張が認められることは少ないです。この点は重要なので繰り返しますが、仕事の不手際はパワハラの正当化事由になりません。仕事の不手際に対しては、降格などの人事処分や懲戒処分をもって臨むのが筋です。

　もっとも、自殺に至った事案では、過失相殺や後述の素因減額を行っている裁判例も少なくありません。心身の不調を認識しながら通院しなかったなど自己健康管理義務違反（労働者自身にも自ら健康を管理する義務があると解されています。）を理由とするものが多いですが、遺族らが自殺者の不調を認識しながら何も手を打たなかったことを被害者側の過失として認めたものもあります。割合としては、80％といった大幅な過失相殺を認めたものもありますが、概ね20％～30％の認定をしているものが多いです。

　死亡事案では、賠償額が億を超えるような場合もあるため、現実的に加害者（及び会社）が支払不可能な金額にならないようにといった実質的な配慮が働いているのかもしれません。

⑶　素因減額

　素因減額とは、被害者が元々有していた既往症や身体的特徴、心因的要因などの「素因」が損害の拡大に寄与したと認められる場合に、当該素因を斟酌して損害額を減額する理論です。

　たとえば、1の「はじめに」の例で、Bさんは20代半ばの若者ですが骨粗鬆症に罹患していたとします。そして、Bさんが骨粗鬆症に罹患していなかったとすればAさんが突き倒したとしても骨折まではしていなかったと認定される場合には、骨折にかかる損害についてはBさんの骨粗鬆症という「素因」によって拡大発生したものとしてAさんの支払うべき賠償額が減額されます。

　素因減額は、過失相殺と同様に、30％とか50％などの割合で示されます。

　裁判例の傾向として、パワハラ等の結果、うつ病などの精神疾患に

罹患し、不幸にも自殺に至ってしまった場合について、被害者の心因的要因（うつ病などの既往症）を考慮して3割前後の素因減額がなされることもあります。但し、疾患とはいえない性格的特徴（神経質、臆病、責任感が強いなど）にすぎないようなものについては素因減額の対象とならないので、素因減額の主張はそう多く認められているわけではありません。

6　まとめ

　以上がパワハラ事案で典型的に出てくることの多い損害項目と計算方法です。

　1回限り公然と「馬鹿」と罵ったなどの軽微なパワハラ事案では、慰謝料数万円のみしか損害として認められないことがほとんどです（弁護士に依頼して判決までいけば弁護士費用及び遅延損害金も加算されますが、それを含めても数万円の範囲に収まります。）。他方で、パワハラを苦に自殺といった事態にまで発展してしまうと賠償額は数千万円から1億を超えるような莫大な金額になりえます。

　パワハラ担当者は、稚拙なパワハラ対応の先には多額の賠償という結果が待っていることを肝に銘じておくべきといえるでしょう。

7　和解する場合

　以上が訴訟で判決が下された場合の金額の算定についての解説ですが、実務上、ほとんどの事件は、訴訟前又は訴訟中に和解で解決がなされており、判決まで進むことはむしろ少ないです。

　和解する場合、実務慣行上、弁護士費用は損害額に含みません。双方がそれぞれ自分の弁護士費用は自分で負担します。また、遅延損害金も算入しないのが通常です。

　最終的な和解書ないしは和解調書では、どの損害項目がいくらなどということは書かれないことがほとんどで「解決金」といった名目で

最終的な結論部分に当たる支払額のみが記載されます。

　訴訟提起前の段階で双方に弁護士が付いている場合には、訴訟になった場合の見通しや訴訟コストを考慮して交渉を行い、双方が妥結できる和解案に至れば和解となります。

　これに対し、訴訟提起後は、しばらくは（場合によっては1年以上になることもあります）、双方が主張と証拠を出し、反論、再反論・・・といった手続が続きます。そして、いよいよお互いにこれ以上主張することもないし提出する証拠もないという段階に至った段階で証人尋問等（原被告当事者については「本人質問」といいます。）の手続を行うのですが、その直前に裁判所から和解案が提示されることが多いです。裁判所から提示される和解の金額は、基本的に証人尋問等の結果を除いた全ての主張と証拠を考慮して算出されているものであることから、判決になっても同じような金額が出る可能性が高く、そのためその金額かその金額をベースに訴訟外で交渉を行ってその金額前後の金額で和解に至ることが少なくありません。

　ただ、あくまで和解は双方にメリットがなければ成立しませんから、原告が被告に対して100万円を請求している裁判で「被告は原告に対して100万円を支払え」という内容の和解案が出てくることはほぼありません。逆に被告は原告に1円も払わなくてもよいという内容の和解案もほぼ出てくることはありません。

　ポイントは、裁判所が本当は「判決を出すとしたら原告の請求を認めない（被告は1円も払わなくてよい）という結果になりそうだな。」と考えていたとしても、「被告は原告に対して20万円を支払え。」という内容の和解案が出てくることです。「判決になれば絶対にこちらが勝つ！」という自信があればこの和解に応じないという選択もあるのです。事案によっては、会社の理念、方針、モラルハザードなどの観点からどうしても判決で勝たなければならないということもあるでしょう。

〈一歩前へ　将来に関連する損害についての考え方〉

　実務上、不確実な将来に発生すると見込まれる損害を算定しなければならないことがあります。将来のことは誰にも分かりませんが、だからといって将来にかかる損害賠償を一切認めないのは妥当ではないので、法律の世界ではある種の擬制をもって損害額を算定しています。

　ここでは、将来に関連する損害の典型例として、後遺障害関係と会社の逸失利益関係の損害を例に挙げて、その算定方法について解説します。

1　後遺障害関係

(1)　はじめに

　片目を失明するなどの後遺障害はパワハラ事案でも発生しえるところですが、被害者にこのような後遺障害が発生した場合にはどのような損害が発生するのでしょうか。

　後遺障害に関する損害賠償を考えるに当たっては、そもそも後遺障害とは何なのかという点と後遺障害には程度の差がつけられているという点の理解が必須になります。

　まず、後遺障害とは、簡単に言ってしまうと医学的にみてこれ以上の回復が見込めないと判断される時点で残存している症状や障害です。

　通常、症状は治療の経過にしたがって軽減していき最終的には治癒するものですが、症状によっては治療を続けていてもある段階で「これ以上は良くならない。」という段階に至ります。この段階が上述の「医学的にみてこれ以上の回復が見込めないと判断される時点」であり、専門用語としては「症状固定」と言います。この症状固定の段階で残存している症状や障害が後遺障害ということになります。

　自賠責保険の分野において後遺障害は類型化されており第1級から第14級に等級分けされていて、実務上、後遺障害慰謝料については第

1級であれば2800万円、第2級であれば2370万円、第3級であれば1990万円・・・という具合に相場が決まっています。

　また、後遺障害が残ると労働することに制限が出てきます。後遺障害により失われる労働能力の割合を労働能力喪失率と言うのですが、これも第1級から第3級なら100％、第4級なら92％、第5級なら79％というように相場が決まっています。この労働能力喪失率は逸失利益の算定に用いられます。

　後遺障害関連の損害項目も様々なものがあるのですが、ここでは主なものとして後遺障害慰謝料、後遺障害逸失利益、将来介護費について解説します。

(2)　後遺障害慰謝料

　後遺障害慰謝料とは、後遺障害が発生したこと自体に対する慰謝料で、前述のとおり後遺障害等級によりある程度の相場が決まっています。

　なお、最も低い第14級の後遺障害の場合、慰謝料額の相場は110万円です。

(3)　後遺障害逸失利益

　逸失利益（④）とは、後遺障害が残存したことにより労働能力が減少し、そのことにより減少する将来の収入です。

　計算式は以下のとおりです。

　減収直近の年収（基礎収入）×労働能力喪失率×労働能力喪失期間に対応するライプニッツ係数（年金現価係数）

　たとえば、26歳男性（以下、「M」といいます。）、年収500万円、後遺障害等級を第4級とした場合、Mの逸失利益は500万円×92％×23.4124≒1億769万7040円になります。

　この中で一番分かりづらいのが「労働能力喪失期間に対応するライ

プニッツ係数（年金現価係数）」のところです。損害賠償実務では67歳まで働けると考えますので、労働能力喪失期間は67歳－26歳＝41年になります。ここまでは簡単なのですが、なぜ41年ではなく41年に対応するライプニッツ係数である23.4124を乗じるのかが分かりづらいのです（年３％は民法上の法定利率であり、実務ではこれに合わせて年３％のライプニッツ係数を用います。）。

　ここからは電卓を手元に置いて読んでいただいた方がよいかもしれません。

　損害賠償実務におけるライプニッツ係数とは将来得られるはずの賠償金を現在価値に引き直すための係数です。

　本来、逸失利益は毎年発生するもので、たとえば、上記の例でいえば500万円×0.92＝460万円の逸失利益が毎年発生するわけですが、前倒しで一括して１年後、２年後、３年後、４年後・・・41年後に発生する各460万円を受領しますから、各460万円を現在の価値に引き直さなければならないのです。

　年３％の利回りで元金を運用できるとした場合、現在を2021年１月１日だとすると、同日時点で460万円を受領していれば１年後の2022年１月１日には460万円×３％＝13万8000円の利息を得られることになります。現在の460万円と１年後の473万8000円は等価ということになりますので、年３％の利回りで１年後に得られるお金の現在の価値は、460万円÷473万8000円＝0.9708737864を乗じることで算出することができるということになります。右の式は、元金を１、１年後に得られる元利金を１＋0.03としたものですので、実際の計算式では１／（１＋0.03）という形をとります。

　１年後に受領できる460万円の現在価値について当てはめると、460万円×（１／（１＋0.03））＝446万6019円（四捨五入）になります。

　では、２年後に受領できる460万円の現在価値はどうなるのかというと、460万円×（１／（１＋0.03）^{2}）＝433万5941円（四捨五入）と

なります。複利計算によっているため先であればあるほど現在価値は低くなります。

　ついでに3年後に受領できる460万円の現在価値についても見てみると、460万円×（1／（1＋0.03)^3）＝420万9652円（四捨五入）となります。

　こんな計算を41年分やらないといけないとすると大変なのですが、利率が毎年変わらないのであれば、各年に受領できる金額に各年の係数の合計値を足すことで現在価値の合計額は算出できます。そして、各年の係数の合計値こそが冒頭に出てきたライプニッツ係数（年金原価係数）なのです。冒頭の23.4124という数値は、1年目から41年目の各年の係数の合計値です。

　どちらにしても年金原価係数の計算は面倒なので、**巻末資料7**（212頁）のように何年ならいくらというような表になっています。

　ちなみに、少し高機能な電卓であれば簡単に算出することもできます。上記の例でいえば、1÷1.03をすると1年後の係数が出てきます。その状態で「＝」ボタンを押すと2年後の係数が出てきます。さらに「＝」ボタンを押すと3年後の係数が・・・というように各年の係数は簡単に算出できます。そして、最後に「GT」ボタンを押せばそれまでに算出した係数を合計してくれますので、年金原価係数も簡単に求めることができます。

(4)　将来介護費

　将来介護費とは、後遺障害の残存により将来にわたり介護が必要となった場合の介護費用です。近親者の常時付添を前提とした場合の計算式は以下のとおりです。

　8000円×365日×平均余命に対応するライプニッツ係数

　たとえば、21歳女性を前提とすると、平均余命は66.65年になりま

すが（**巻末資料6**参照〈211頁〉）、端数は切り上げて67年として計算します。67年のライプニッツ係数は28.7330ですから（**巻末資料7**参照〈212頁〉）、8000円×365日×28.7330＝8390万360円となります。

　近親者ではなく職業付添人による付添が必要ということになると日額が8000円を超えることも多く、将来介護費は莫大な金額になることがあります。

　将来介護を要するほどの後遺障害が残存した場合には、当然、労働能力も喪失しており、逸失利益も多額にのぼります。将来介護費が損害として認められるような事案では、賠償額の合計が2億円を超えることもあります（賠償保険は出来れば保険金額が2億円以上のものに加入しておいた方がよいでしょう。）。

2　会社の逸失利益関係

　第1章第3節でも少しだけ出てきましたが、法律実務においても会社の逸失利益が損害として取り上げられることがあります。

　パワハラにより会社に逸失利益が生じるケースはあまりないかもしれませんが、重大なパワハラ事件が発生してメディア等で大々的に報道され、取引先からの信用を失って取引機会を失うということがないとは言い切れません。

　取引機会の減少による損害を見積もる場合には、以下の法律的な損害計算の考え方を活用することができますので、参考にしてください。

　会社は、取引先の債務不履行や従業員等による信用毀損行為により取引機会が減少してしまった場合には本来得られたはずであった利益を逸失することになるのですが、上記の人身傷害系とは異なり、会社の逸失利益の算定については、裁判例ごとに判断が異なっている部分が多く、一律にいくらという計算をするのが難しい状況です。また、損害の立証も困難を極めることが少なくありません。

　会社の逸失利益を算定するに当たっては、①ベースとする金額をど

のように定めるのか、②将来のいつまでの分を損害として認定するの
か、という難しい問題があります。

　まず、①の点については、裁判例によっても見解は分かれているも
のの、限界利益（売上－変動費）をベースとするのが多数のようで
す。理論的にも、被害を受けた会社は取引が消滅することにより、当
該取引が継続したのであれば発生したであろう変動費の支出は免れる
ため、限界利益をベースにするのが妥当といえます（なお、より厳密
には個別固定費を控除した「貢献利益」をベースとすべきといえま
す。）。

　次に、②の点については、裁判例は概ね2年程度を計算期間とする
ものが多いです。会社側からは「もう一生あの取引先とは取引できな
くなった！最低でも将来10年分の逸失利益は賠償して欲しい。」とい
うような声が上がることも少なくありませんが、将来、本当に取引が
回復しないのかどうかは不確実で分からないことなので、2年という
ように控え目の認定がなされることが多いのです。

　また、契約の期間等を参考にする裁判例もあります。

　たとえば、X社がY社に対し、継続して商品Aを製造・販売する契
約をしていた場合に、Y社が不当に契約を破棄したとします。X社の
Y社に対する商品Aの売上高は年間1000万円、変動費は700万円だっ
た場合、1000万円－700万円＝300万円が年単位の損害となり、これに
2年を掛けた600万円を損害と捉えることができます。仮に、X社と
Y社の基本契約書において契約期間が自動更新条項ありで5年と定め
られていた場合の残契約期間が4年であったとすると、少なくとも4
年は利益を得ることができたと考えて300万円×4年＝1200万円を損
害と捉えることもできます。

　なお、いずれの場合でも、逸失利益は将来に発生する損害項目です
から、厳密には年数をそのまま掛けるのではなく、前記1で説明した
ライプニッツ係数を乗じることになります。

　上記のように説明するとそれほど難しくないようにも見えますが、特定の事業のみが停止したというような場合には当該特定の事業の限界利益を算出しなければならず、その前提として事業別のPL作成や固変分解などの会計的な処理が必要になりますし、立証の準備も非常に大変です。

　そのため、結局、裁判所も正確な損害の認定をすることができず、民事訴訟法第248条を適用してざっくりとした金額での賠償を命じることも少なくありません。勿論、その場合の認定額は「控え目」な額になります。

〈民事訴訟法第248条〉

　損害が生じたことが認められる場合において、損害の性質上その額を立証することが極めて困難であるときは、裁判所は、口頭弁論の全趣旨及び証拠調べの結果に基づき、相当な損害額を認定することができる。

　パワハラ担当者としては、会社の逸失利益を訴訟で回収することは難しいということを頭の片隅においておく程度で十分です。

第4節　相談を受けた後のゴールデンルール（初動対応）

　本節の理解は、問1、問2及び問5の回答に必要となります。

1　初動対応の重要性

　パワハラ担当者であるあなたがパワハラ被害を受けたという相談を受けたとして、無視する、まともに話を聴かない、すぐに加害者に対して被害申告があったと伝えてしまうなどの不適切な対応をした場合、被害者はあなたと会社を信用できない存在だと認識します。

　その結果、いくつかの悪い結末に行きつきます。1つは、被害者が会社は信用できないということで労働基準監督署や弁護士などの外部の機関に助けを求めるというものです。これにより、会社は自浄作用により事件を解決する機会を失い、最悪の場合には訴訟等によって事態が公になることで会社の採用力に悪影響が生じ、さらに敗訴すれば賠償を命じられることになります。

　しかし、この結果はまだ良い方で、もう1つの最悪な結末は、被害者が誰にも相談できずにストレスを溜め込んでしまい、自殺を選択してしまうことです。この結果に至れば、まず間違いなく会社、加害者、被害者遺族、そしてパワハラ担当者は深刻なダメージを負うことになります。

　これらの悪い結果を生じさせないためにも、パワハラ担当者は被害を主張する者からの相談があった後の初期対応を誤ってはなりません。

　では、適切な初期対応とはどのような対応なのでしょうか。以下では具体的な対応の流れとポイントを解説していきます。

2　ゴールデンルール

(1)　はじめに

　結論から言ってしまうと、パワハラ事案における被害者からの相談があった直後からの対応の流れは、事案の軽重によって多少の変更はあるとしても、概ね①被害者からのヒアリング、②①に基づく証拠関係調査（目撃者からのヒアリング及び陳述書の作成、メール等の保存など）、③加害者からのヒアリング、④①ないし③に基づく事実の認定、⑤④によって確定した事実を前提とした加害者の処分（処分の公表を含みます。）と被害者への通知、となります（この後に⑥再発防止措置の実施が続きますが、再発防止までは初動対応には含めないことにします。）。

　上記①の結果、被害者がうつ病などの精神疾患に罹患している疑いがある場合には医師の診察を受けるように促し、業務の継続により症状が悪化しそうな場合には休業を勧めます。業務上のミスを頻発しているなど業務に耐えられる状態でないことが明らかであれば休業を命じることもありえます（休業命令の法的な性質や賃金の取扱いなどについては第7節（118頁）で解説していますのでご参照ください。）。

　また、上記②に際して、加害者が被害者や目撃者に自らに不利な供述をしないように働きかけるなど証拠隠滅を行うおそれがある場合には、加害者に自宅待機命令を発します（自宅待機命令の法的な性質や賃金の取扱いなどについては第7節で解説していますのでご参照ください。）。

　それでは、各ステップについて1つずつ詳しく見ていきましょう。

(2)　被害者からのヒアリング

　被害者からの被害の相談があった場合には、なるべく速やかに面談の時間を確保して被害者からのヒアリングを行います。厳密には、この時点では事実を確定することはできないので被害者ではなく「被害を主張する者」にすぎないのですが、便宜的に被害者と言うことにし

ます。

　相談は、原則としてヒアリングをする者と書記（被害者の言い分を
パソコンで文書化する係）の2名で臨みます。事案にもよりますが、
時間は最低でも1時間程度は確保しておいた方がよいでしょう。

　被害者からヒアリングした内容は**巻末資料4**（201頁）のように陳
述書といった形で書面にし、被害者からの署名押印をもらうのがベス
トですが、被害者が署名押印を拒否するようであれば無理強いすべき
ではなく、最悪、相談聴取書といった形にして聴取者であるあなたが
署名押印するのみでも大丈夫です（なお、本書では専ら民事訴訟を意
識して陳述書を紹介していますが、より厳格には警察等が作る供述録
取書のような書面の方が良いといえます。陳述書の意義や供述録取書
との違いなどについてさらに学びたい方は、次節末尾の〈一歩前へ
陳述書の意義と供述録取書の違い〉をご参照ください。以下では、「陳
述書」で話を進めますが「供述録取書」と読み替えていただいても結
構です。）。

　この被害者からのヒアリングが最も重要なステップになるといって
も過言ではありません。このステップで被害者との信頼関係を築けな
ければ、この後のステップの全てが上手くいかなくなるからです。

　プライバシーを守ること、正直に申告したことを理由に不利益な取
扱いがなされることはないこと、を伝えることは当然ですが、被害者
との信頼関係を構築する上で何より大切なことはあなたのスタンスで
す。

　もし、あなたが「会社側」の人間として事なかれ的な処理をしよう
というスタンスであれば、いくら表面的に「あなたの味方です。」と
いう態度を取っていたとしても、被害者にそれは伝わります。メラビ
アンの法則が示すとおり人は言葉よりも表情、態度といった非言語的
コミュニケーションによる影響を大きく受けます。あなたがよほどの
演技派でない限り、被害者はあなたの表情、態度等からあなたの隠さ

れたスタンスを見抜くでしょう。

　あなた自身の立場（会社に雇われているという立場）を忘れてはいけませんが、基本的には一方当事者の立場に立つ「弁護士」の視点ではなく、公平な立場に立つ「裁判官」の視点に立って物事を見るべきですし、そう振る舞うべきです。相手を言い負かせてやろうとか欺いて信頼を得ようなどという姿勢や意図をもって小手先のコミュケーション術で人と話すのは非常に疲れることですし、大体の場合、良い結果にもなりません。

　あなたが被害者からのヒアリングをする際には、ともかく真実を見極めようという意識で「聴く」ことに徹してください。もっとも、ただ漫然と被害者に話し続けさせて聴き続けることが良いということではありません。

　詳しくは次節で解説しますが、あなたは最終的に被害者の供述が信用できるかどうかを判断して、どのような事実があったかという「事実認定」をしなければなりません。そうすると、「事実認定のために必ず聴いておかなければならないこと」（先に結論をいうと、主要事実、間接事実、補助事実、及びこれらの事実に関する証拠の有無と内容です。詳しくは次節で解説しています。）を聴き洩らさないようにあなたの方から積極的に質問をしていかなければならないということになります。

　また、あなたの任務はパワハラ案件を然るべき着地点で早期に終結させることですから、第6節で詳しく解説する「交渉に役立つ事実」も効果的に質問することで引き出さなければなりません。

　あなたが的確にこのファーストステップをクリアできたとすれば、被害者とあなたとの間には一種の信頼関係が生まれ、その後のすべてのステップにおいてプラスとなるでしょう。他方で、このファーストステップでつまずくと、その後のすべてのステップでマイナスの影響が生じます。

　先ほど、「聴く」ことに徹すると言いましたが、被害者も初めは緊張していることが多く、誘導なしでは上手く話し出せないこともありますので、そのような場合にはあなたの方から積極的に話をしてあげるとよいでしょう。

　話す内容としては、「私も昔、・・・というミスをしたときに、上司から・・・（パワハラ的な行為）されたことがあるんですよ。」というものがベストです（こういうのも何ですが、管理職世代である読者の皆様は「これはパワハラじゃないのか？」と思う行為を受けた経験が1つくらいはあるのではないでしょうか。）。前半部分を心理学的には自己開示と言います。後半部分は、自らも同様の体験があること示すことで被害者に共感を生じさせるもので、信頼関係を構築するにあたって一般的に有効とされているものです。

　自己開示は、人の「他者から失敗談を聴かされるとその他者が自分のことを信頼していると考える傾向」を利用した心理テクニックで、あまり付き合いのない人との間で信頼関係を築いていくための初歩的な手法です。注意点としては、開示する失敗談はいわゆる「ドン引き」されないレベルでなければならないということです。「私も、昔、つい怒りに我を忘れて本社ビルに車で突っ込んだことがあるんですよ。」などという自己開示を受けても、その人とお近づきになりたいとは思いませんよね。「私と同じ人間なんだ。」と思われるレベルの失敗談が良いです。

　共感はヒアリング中にも示した方がよいです。上述のとおり被害者から聴かなければならないことは多岐にわたるので、時間の制約もあり、つい「その前には具体的に何があったんですか？」「そこは具体的に何があったか教えてください。」などと尋問的になってしまいがちですが、それでは信頼関係は築けません。たまには「それはムカつきますね。」と共感を示した上で「そのときの状況なのですが・・・」というように質問するという流れを作ることも意識した方がよいで

しょう（共感の前提として、なるべく多く自分との共通点を見つけるように意識して話をすると良いでしょう。）。

　一通りヒアリングを終え、最後に自然と雑談が生まれたり、被害者があなたの私的なことについて少し質問してくるくらいの関係性が出来ていればコミュニケーションの観点からは及第点です。

　最後に、被害者とのファーストコンタクトでよく聴かれる質問等に対する回答例＋解説をいくつか紹介します（以下、Q＝質問、A＝回答、C＝著者のコメント、です。）。

Q1　あなたの立場を教えてください。加害者の味方なんじゃないですか。

A1　○○さん（加害者の氏名）の味方というわけではありません。私は会社から、どのような事実があったのかを認定し、認定した事実を元に○○さん（加害者の氏名）への処分や○○さん（被害者の氏名）に対するケアを決めるように命令されています。勿論、上司（又は顧問弁護士）とも相談の上で、ということですが。

　　会社はパワハラには厳正に対応するという方針ですので、もしパワハラと認定されれば結果として○○さん（加害者の氏名）に相当の処分がなされることもあると思います。

C1　公平な立場であることと、会社がパワハラを許さない立場であることは明確にしておいた方がよいでしょう。「あなたの味方です。」と言うのは一見すると被害者との信頼関係を築くのに有効のようですが、中長期的な視点で見るとトラブルを大きくする要因になってしまいますので控えた方がよいでしょう。

Q2　加害者は退職（転勤、などのパターンもあります。）にしてもらえますよね。

A2　それは今の時点ではお約束できません。今日、お聴かせいただいた内容を事実として認定できるかどうかの調査をこれから行い、上司（又は顧問弁護士）とも相談して最終的な事実認定を行

います。その上で、確定した事実を前提として加害者の処分を検討することになるのですが、法律上、このくらいの行為だったらこのくらいの処分が相当というのがありまして、その範囲を超えて処分してしまうと会社の方が違法な処分をしたということで訴えられたりするのです。ですので、その辺りも上司（又は顧問弁護士）と相談して決めることになり、必ず○○さん（被害者の氏名）の希望どおりになるというわけではありません。ですが、いずれにしてもパワハラが認定されれば同じことが起きないように会社としては然るべき措置を採ります。

C2　出来もしない約束をするのはNGです。あとでトラブルになります。上記のとおり法的な手順を踏んで処分が決められること、法律的に会社が出来る事には限界があることをきちんと説明すれば、大体の場合は納得が得られます。「法律的に」というところがポイントです。一般の人は、自分が他人から「法外なことをしろ」と主張する人間だとは思われたくないものだからです。

Q3　この陳述書は何に使うのですか？なぜ、私の署名押印が必要なのですか？

A3　これを色々な人に見せるというわけではなく、上司（又は顧問弁護士）と事案を共有するために使います。1つ1つ細かくどの事実が認定できるかを検討しなくてはいけないので、細かく書き留めさせてもらっているのです。

　　署名押印をいただくのは、この内容で間違いないということの証明のためです。勿論、嫌と言われれば署名をいただけなくてもしょうがないのですが、○○さん（被害者の氏名）の署名押印がないと私が勝手に書いた内容のようにも捉えられてしまい、この書面の信憑性が低くなるのです。

C3　理由も分からず書面に署名押印させられるのは誰でも嫌なものです。「むしろ、あなたのためです。」ということをきちんと説明

した方がよいでしょう。

(3)　証拠関係調査

　被害者の供述を裏付ける証拠を被害者自身が持っている場合には、被害者から受け取ります。最近ですと、メールやアプリでのやりとりが証拠として残っていることが少なくありません。写真撮影するかスクリーンコピーを印刷してもらいましょう。

　このときの注意点は、日付と、誰から誰に、の記載が必ず見えるように撮影ないし印刷するということです。次節の事実認定のところで詳しく述べますが、事実認定においては「いつ」というのが重要な要素になることが多いからです。筆者が実際に法律相談を受けていて、メールをプリントアウトしたもので日付の部分が切れていることはあまりありませんが、LINEなどのアプリの画面をプリントアウトしたものだと日付の部分が切れていることが多々あります。特にアプリの方は気を付けた方がよいでしょう。

　なお、あなたが撮影した日や印刷日も記録に残しておきます。

　パワハラの内容が暴力で怪我をしているような場合には、被害者自身がその怪我の様子を撮影していることもありますし、病院に通院しているのであれば診断書・診療報酬明細書・診断録等が作成されていることが多いので、これらの証拠も被害者自身から証拠として提出してもらいましょう。

　以上の証拠については比較的取得の手間はかからないのですが、目撃者がいる場合の目撃者の供述を証拠として取得するのにはかなり手間がかかります。

　基本的な手順は被害者からのヒアリングと同じで、1人が聴き取り、1人がパソコンに聴き取り内容を打ち込みます。最後に、自分が話した内容のとおりで間違いないということで目撃者から署名押印をもらって陳述書（**巻末資料4**参照〈195頁〉）を完成させるという流れです。ヒアリングする際に参照するのは勿論被害者の陳述書です。

　聴取の冒頭では、①聴取の目的はパワハラの事実調査であること、②被害者又は加害者に対して具体的に目撃者がどういう話をしたのかは開示しないこと（但し、訴訟になった場合に再度協力を求めることはあること、訴訟において協力してもらえる場合には氏名と供述内容は被害者及び加害者に知るところになること、は説明しておいた方がよいでしょう。）、③事実は目撃者の供述のみに基づいて認定されるのではなく、被害者の供述自体の合理性や具体性、メール等の客観的証拠、加害者の供述などの総合考慮によって認定されること（「自分の供述で被害者又は加害者の運命が決まってしまう！」と考えて過度に緊張してしまう方もいるので、このように言っておくと緊張を和らげることができます。）、④聴取の内容等については他言してはならないこと（加害者の耳に入った場合にさらなる被害が発生する危険性があることや、会社の処分確定前にいたずらに噂を広めたと思われると名誉毀損などで目撃者自身が訴えられる可能性もあること、などを伝えれば十分です。）、を説明します。

　難しいのは、誰から、何を、どの程度、聴くのかということです。陳述書の作成にはかなりの時間を割かれますし、「人の口に戸は立てられぬ」ものですから、あまり多くの人からヒアリングを行うのは被害者及び加害者保護の観点から良くありません。

　この点、ケースバイケースではありますが、例えば、Ａ事実、Ｂ事実、Ｃ事実を見たＷ１さんと、Ｃ事実のみを見たＷ２さんがいる場合、特段の事情がない限りＷ１さんのみからヒアリングすれば足ります。勿論、Ｗ１さんとＷ２さんがＣ事実についてメールやアプリでメッセージのやりとりをしていれば、それも証拠として提出してもらいましょう。

　何をどこまで細かく深く聴くかというヒアリング内容の濃淡については、被害者の供述のうちで客観的な証拠による裏付けがあって問題なく事実として認定できそうな事実や加害者自身も認める可能性が高

い事実については浅く聴き、客観的証拠がなく事実として認定できるか微妙なところほど深く聴きます。

　パワハラ事案では、かなり細かい事実が大事になりますので、目撃者自身が感じたその当時の印象や感情についても聴き取る必要があるという点に注意が必要です。

　意外と・・・というと変ですが、人間は100％嘘がバレないという状況でもない限り露骨な嘘はあまりつかないものです。たとえば、加害者が被害者の肩を強い力で突き飛ばしたという事案で、第三者が目撃していたかどうか加害者の記憶が曖昧という場合は、加害者は「肩に触ってもいません。」と嘘をつくことはあまりなく、「たしかに肩には触れましたが、何というか、お疲れ様って言ってポンっと肩に手を置くような、まぁそれよりも少し強いくらいの・・・その程度の感じで、突き飛ばしたというのは大袈裟ですよ。」くらいの反論をします。

　そして、このような微妙な違いがパワハラ事案では重要になってきます。微妙な違いでパワハラかどうかが左右されるのです。上の例でいえば、加害者のいうとおり「肩にポンっと」という程度の事実しか認定できないのならパワハラには該当しないことになるでしょう。

　そこで、パワハラ担当者はこのような微妙な違いまで意識して当時の状況を言葉として引き出し記録しなければならないのです。上記の例でいえば、「被害者の方が加害者から右の平手で肩を押されたとき、被害者は後退したりしたのですか。たとえば、何歩か後ろに下がったとか。」→「はい。2～3歩だったと思いますが、後退していましたね。転倒まではしませんでしたが」→「あなたはそれを見てどう感じましたか？」→「怖かったですね。あんな感じでいきなり突かれたらショックですよ。」という具合です。目撃者から「加害者は被害者の肩を右の平手で押していた」という抽象的な供述だけ得ても、上述した加害者の「肩にポンっと手を置くより少し強いくらいの力で」という供述と不整合とまでは判断できません。しかし、「被害者が押され

て2〜3歩後退」「見た者に恐怖を感じさせた」という事実と加害者の供述は明らかに不整合と判断できます（なお、上記目撃者の供述が信用できるかどうかは別問題です。）。このように、加害者の反論を想定すると、目撃者からはかなり細かい事実まで聴いておかなければ後で事実認定に困ることになるのです（とはいえ、最悪、加害者の言い分を聴いた後に再度目撃者に細かいところを聴くことができればそれで足りるのですが・・・。）。

(4)　加害者からのヒアリング

　最後に加害者からのヒアリングです。加害者が最後なのは、先に加害者からヒアリングをすると加害者が目撃者等に働きかけて証拠隠滅を図る危険性があるためです。

　なお、今まで「加害者」と記載してきましたが、被害者と同じく、厳密にはこの時点では加害者ではなく「パワハラをしたと主張されている者」に過ぎません。いわば、刑事事件でいうところ被疑者（マスコミ用語では「容疑者」）に過ぎず、パワハラを行ったと認定されたわけではないのです。ただ、ここでは便宜的に加害者ということにします。

　加害者に対するヒアリングの際のスタンスも被害者のときと同じで公平な「裁判官」であるべきです。「検察官」のようなスタンスで「取調べ」をやってしまうと加害者との信頼関係は築けません（この時点であなたは加害者の知らない証拠も収集して優位な立場に立っているので、つい高圧的な態度を取ってしまいがちになります。）。パワハラをしたと決めつけた態度で加害者と接すれば、加害者はあなたが真摯に話を聴いてくれたとは思わないし、最終的に下した処分に対しても不当な処分だと考えて争ってくることになるでしょう（最終的な処分が正しくても・・・です。）。

　それでは、肝心な加害者からのヒアリングの中身はというと、簡単に言ってしまえば次節で解説する事実認定における「訴訟における立

証のルール」と「供述証拠の信用性」の考え方にしたがって言い分を聴き取ることです。より具体的にいうと以下のとおりです。

　すなわち、まず、被害者の陳述書にしたがって、各事実について認否を確認していきます（「認否」については次節で説明します。）。加害者が認めた事実（「争いのない事実」といいます）はあったものとして扱います。

　加害者が認めない事実（否認した事実）については、それがあったものとして認定できるかどうか検討しなければなりませんが、この時点であなたは目撃者の陳述書やメールなどの各種証拠を持っている状態ですので、客観的証拠によって明らかに認定できる事実が確定しているはずです。そうすると、加害者の否認した事実は大きく「客観的証拠によって明らかな事実に属する事実」と「客観的証拠によって明らかな事実に属しない事実」に大別することができます。

　前者の事実については、加害者がいくら否認して別のストーリーを述べたとしてもそのストーリーは客観的証拠に反しているわけですから、特段の事情がない限り、信用できないということになります（もっといえば、そのストーリーを前提とする別のストーリーもまた信用性を欠くということになってきます。）。

　なお、加害者に対して「こんな証拠があるんだぞ！嘘をつくんじゃない！」などと言いたくなるものですが、言ってはなりません。証拠の内容を知ると証拠と矛盾しない内容の嘘を言うことが可能になってしまうからです。あなたとしては、証拠と矛盾する加害者の陳述書を作成できればそれでこのステージはクリアです。

　一方、認定が難しいのは後者の「客観的証拠によって明らかな事実に属しない事実」です。いわば、認定の決め手がない事実（当事者間に争いがあり、客観的証拠もない事実）ということになりますから、次節の事実認定に関する知識をフル動員して「被害者の主張する事実を認定できるか」を検討しなければなりません。認定のためには聴か

なければならない事実が詳細かつ膨大になってきますからエネルギーも時間もかかりますが、根気強く聴き取っていきます。

　最後は、他の者と同様に陳述書に署名押印をもらって終わりです。

　なお、上記の解説は被害者と加害者の言い分に食い違いがある場合のものです。加害者が全面的に事実を認めて反省の弁を述べている場合は、基本的にその弁をそのまま陳述書に反映することで足りますが、ちゃんと被害者の陳述書に記載されている重要な事実が漏れなく記載されているかの確認は必要です。「妻と喧嘩をしていて苛立っていたところに同じことを何度も聴かれてつい苛立ってしまって・・・」という情状っぽい事実もしっかりと陳述書に書いてあげると最終的な処分を出したときに加害者の納得も得られやすくなります。

(5)　事実認定

　この時点で被害者及び加害者の陳述書と各種証拠が揃っているはずなので、それらを基に事実を認定していきます。

　事実認定の詳細については次節で解説していますので、そちらをご参照ください。

(6)　加害者の処分及び被害者への通知

　事実認定の結果、パワハラの事実が認定できる場合と認定できない場合があるので、それぞれに分けて解説します。

　ア　パワハラの認定ができる場合

　加害者に対しては行為の悪質性、反省の有無、パワハラによる処分歴などを考慮して、就業規則に基づき懲戒処分を行います。極めて軽微なパワハラに過ぎない場合には就業規則に基づかない厳重注意で済ますということも考えられますが、パワハラ防止の観点からは就業規則に基づく正式な処分である懲戒処分を行うべきです。会社によって就業規則の内容は異なりますが、ほとんどの会社で最も軽い処分は「訓戒」か「譴責」で、内容はいずれも厳重注意とそれを受けての始末書提出になっているはずです。訓戒や譴責であれば

制裁として重くなりすぎないことが多いですし、始末書という形で記録に残るので将来のパワハラ予防にも効果がありますから、積極的に訓戒か譴責を利用すべきです。

　加害者に対しては、重すぎる処分を課すと違法となり、会社が加害者から訴えられて敗訴するということにもなりかねないので、懲戒処分の選択の際には裁判例を参考にして重すぎる処分にならないように注意します（なお、パワハラに関する懲戒処分の適法性が争われた裁判例については、第7節〈118頁〉で紹介しています。）。

　加害者に対して懲戒処分を課した場合には、同様の事案におけるパワハラ防止の観点から、原則としてパワハラを理由として懲戒処分を行ったことは公表するべきです。但し、加害者のみならず被害者への配慮も必要となりますので、通常は、氏名などを伏せるなど抽象的な内容の公表になります（懲戒処分の公表に関する適法性に関しては、第7節で解説しています。）。

　加害者への懲戒処分のほか、加害者又は被害者の異動も検討します。懲戒処分にまで至った場合には加害者と被害者の関係性は悪化していることが通常なので、加害者と被害者の接触がなるべく少なくなるように配慮が必要になります。被害者がうつ病等の精神疾患に罹患している場合には医学的にも加害者との距離が必要となる場合もあるでしょう。

　パワハラをした加害者を別の部署や支店等に異動させるのが当たり前と考える必要はなく、被害者の同意が得られるなら被害者に異動してもらうのもよいです。会社全体の生産性の観点からその方がよいことも少なくありません。

　加害者被害者のいずれを異動させるにしても、異動を命じる際には、異動を命じる書面に同意する旨の署名押印をもらっておきます。あとで「異動には同意していなかったのに無理やり異動させられた。」などと言われないようにするためです。

　会社の規模によっては、加害者又は被害者の距離を物理的に遠ざけることが難しい場合もあると思います。その場合には、被害者が加害者の直属の部下にならないように命令系統を変更する程度の配慮でも十分です。

　懲戒処分や異動等の処分後は、被害者に対してはその結果を通知します。

イ　パワハラの認定ができない場合

　当然ですが、加害者に対して懲戒処分は行いません。しかし、何もしなくてよいかというとそういうわけではありません。

　たとえば、パワハラとまではいえないとしても将来パワハラに発展しそうな粗暴な言動等が認定されたのであれば加害者に対して注意は行うべきですし、配転まで行わないにしても加害者と被害者との距離を遠ざける措置なども検討すべきです。

　加害者不処分となった場合、被害者に対するケアに特に注意を要します。会社の処分に納得できない→訴訟で会社と加害者の責任を問う、という流れになりやすいからです。ですから、加害者の不処分の場合、その結果を被害者へ通知する際には細心の注意を要します。事実を認定できなかった理由をしっかりと説明すると共に（客観的証拠がなく他の証拠を考慮しても認定できなかったという説明が大体の場合穏当です。）、上記のように加害者に注意するなど会社として何らかの措置を採ったのであればそれを説明します。

　あなたが被害者に対して上記説明を尽くしても被害者が納得してくれなければ・・・それはもうしょうがありません。法的にみてベストを尽くした上での結果ということになりますから、受け入れるしかありません。

　あなたがゴールデンルールにしたがってベストな対応をしても、納得せずに訴えてくる被害者・加害者は必ず一定数います。その場合はあまり気にしても仕方がありません。

　訴訟になれば全てが無駄になるかというとそういうわけでもありません。訴訟前に構築された会社と労働者の信頼関係は訴訟での和解の成否に大きく影響します。訴訟前のあなたの初動対応が悪ければ訴訟で良い和解が成立する確率は低くなり、あなたの初動対応が良ければ逆の結果になります。

　ベストな対応をした後のことは弁護士に任せておけばよいのです。

第5節　裁判ではこうして事実が認定されている（事実認定）

本節の理解は、問3の回答に必要となります。

1　はじめに

パワハラ事案においては、被害者と加害者の言い分が異なることがあります。本書の事案でも⑤の行為（4頁）について被害者Xと加害者Y2の言い分は異なっていますね。

それでは、実際の裁判では、原告と被告の言い分が食い違っている場合、どのようにして事実を認定しているのでしょうか。

本節では、訴訟における事実認定を学び、パワハラ事案における事実認定について考えていきましょう。

2　立証責任

本章第1節で出てきた「立証責任」を覚えていますか？

第1節では簡単に説明しましたが、立証責任の正確な定義は、「訴訟上ある要件事実の存否が不明に終わった結果、その事実の存在するものと訴訟上扱うことができないために、当該要件事実の存在を前提とする法律効果の発生が認められないという不利益又は危険」となります。

難しいですよね。ただ、立証責任の理解は第1節で説明した程度の理解で十分なので、ここでは重要な点だけ復習しておきます。

パワハラがあったことを立証する責任は被害者にあります。そのため、あなたが認定しないといけないのは「パワハラがなかったこと」ではなく「パワハラがあったこと」です。パワハラがあったかどうか認定できないという結論に至った場合（「真偽不明」といいます。）、

「パワハラがあった」とは認定できません。

　ここを間違えてはなりません。加害者が「パワハラがなかったこと」の証明責任を負っているのではありません。「パワハラがなかったことの認定ができなかった」→「被害者のいうとおりパワハラがあったと認定する」という間違った認定をしないようにしましょう。

3　証明度

　先ほどから「認定」という言葉を使っていますが、では、どの程度、「パワハラがあった」と確信できれば「認定」してもよいのでしょうか。

　認定のために必要な証明の程度を証明度といいます。証明度の定義は、「当該事件において証明の対象となる事実の存在を肯定するために最低限必要とされる証明の程度」ということになりますが、簡単に言ってしまえば認定のために必要な確信の程度といえるでしょう。

　問題は、どの程度の確信があれば「証明度に達した＝認定」、としてよいかですが、実務上は「高度の蓋然性」が認められれば足りるとされています。いちいち言葉が難しいのですが、平たく言えば「高い可能性で間違いない！」という意味で、一概に数値化することはできませんが80％以上間違いないと言えれば証明ありとしてよいと理解しておけばよいでしょう。

　ただ、これだけだと「80％以上とかそんな基準だと人によって全く結論が異なるのでは？後で判断が正しかったのかも検証できないのでは？」と思われるかもしれません。ですから、実際に証明があるかどうかを検討するにあたっては、実務において採用されているもう1つの基準である「通常人が合理的疑いを差し挟まない程度に真実性の確信を持ちうるものであることを必要とする。」という基準に当てはめて考えた方がよいです。これだけだと何のことやらという感じだと思いますが、例を示すと分かりやすいと思います。

　すなわち、父（40歳）、母（38歳）、息子（17歳）、娘（15歳）、ペットの犬（生後5年、外飼い）の家族がいたとします。2021年10月1日午後5時30分に娘は学校帰りにコンビニで肉まんを買ってリビングの机の上に置き、着替えのために2階の自分の部屋に上がり、同日午後5時50分にリビングに戻ってきたところ、肉まんは何者かによって食べられていました。父と母は午後5時50分時点で仕事から帰っておらず、犯行（？）は不可能であった一方、息子は午後5時には帰宅しており、午後5時50分まで自宅にいました。

　こういう事実関係の下では、肉まんを食べることができたのは息子だけですから、犯人は息子ということになります。これを上述した「合理的疑いを差し挟まない程度に・・・」という基準に当てはめて考えると、息子以外が犯人である疑い、つまり息子以外が犯人である合理的なストーリーが考えられないということです。たとえば、外飼いの犬が家の中に入ってきて肉まんを食べたという他の可能性も考えれなくはないですが、通常はそのようなことは考え難いでしょう。某映画でもあったように実は別の家族が同じ家の地下に潜んでいて・・・というようなストーリーも絶対ないかと言われれば絶対ではありませんが、合理的とはいえないでしょう。

　このように、「息子以外の誰かが犯人である他の合理的なストーリー（合理的疑い）が考えられないか」を検討し、「なし」ということになると「通常人が合理的疑いを差し挟まない程度に真実性の確信」が得られたとして立証ありとするのです。

　上の例で、もし「過去に何度も外飼の犬が裏口から室内に入ってきてリビングにあった食べ物を食べていたことがあった。」という事実があった場合には、「外飼いの犬が肉まんを食べた。」というストーリーにも合理性が生まれ、息子が犯人ではない「合理的疑いを差し挟む」ということになり、逆に立証なしとなります。

　この合理的疑いが残っているかどうかを徹底的に検討することで立

証の有無を判断するわけですが、この合理的疑いは反対可能性と言い換えることができます。上の例でいえば、「犯人は息子である」という立証命題に対して「犯人は息子ではない」という反対の可能性がどの程度あるかと言い換えることができるのです。

　ここまで分かると「ありとあらゆる反対可能性がないかを検討しないといけないのか。それはしんどいな。」と思う方もいらっしゃるでしょう。しかし、そうではありません。

　もし、反対可能性があるとすればその反対可能性を最も知っている人物がいますよね。そう、加害者です。本事案でいえばＹ２ですし、上の例でいえば息子ですね。もし、被害者の述べることが真実でないとすれば、真実はＹ２や息子から語られるはずです。基本的には、Ｙ２や息子から語られたストーリーが合理的な反対可能性（合理的疑い）になるかどうかを検証すればよいのです。

　加害者の言い分が合理的な反対可能性としてあり得るような話なのであれば、立証なしということで被害者の主張する事実は認定できないということになります。

　さて、それではＹ２の言い分（**巻末資料４の４**〈206頁〉）は合理的な反対可能性としてあり得る話といえるでしょうか？その答えが問３の答えとなります（具体的な検討については第４章をご参照ください。）。

4　事実認定の手法

(1)　事実と評価

　いよいよ具体的な事実認定の中身に入っていきますが、まず押さえておいていただきたいのは「事実」と「評価」は違うということです。ＹはＸの肩を右の平手で押した、というのは事実ですが、Ｙの行為はパワハラだ、というのは事実ではなく事実に対する評価です。

　これを意識できていないと、加害者の陳述書を作成する際に「私

は、Xさんの肩を押すなどパワハラ行為を行いました。」というように肝心な事実の方の記載がおろそかになってしまい、あとで加害者が「肩を押すといってもポンっというくらいの力で、そのときは○○さん（ヒアリングした人の名前）からパワハラだと言われてこの陳述書に署名押印しましたが、今はパワハラには該当しないと思っています。」などという言い訳をした場合に困ってしまいます。大切なのは事実の方なので、きちんと事実の方を詳細に記載するようにしましょう。

　労務系の事案で事実と評価を混同している例としてよく見かけるものをもう1つ挙げておくと、「仕事のミス」が挙げられます。始末書で「私は、仕事でミスをしてしまい・・・」のような記載を見ますが、これでは一体どういう事実があって、「ミス」と評価されたのかさっぱり分かりませんので、たとえば、機械操作のような話であれば「本来であればAのボタンを押しておかなければならないのに、Bのボタンを押してしまい・・・」という具体的な事実を記載すべきです。

　ある事実が法律の要件に当てはまるかどうかの評価を「法的評価」と言います。パワハラ事案で分かりやすい例を挙げれば、民法第715条第1項但し書の「相当の注意」（本章第1節参照〈46頁〉）と評価できるかどうかは法的評価です。会社としては、「加害者に対しては、○○年○月○日○時頃、人事部長○○が○○室に呼び出し、約○○分にわたって加害者の○○という行為がパワハラに該当することと、今度同様の行為を行ったら会社としては懲戒解雇も辞さないと伝えていました。」というように具体的に行っていた注意の内容を主張立証した上で、それが「相当な注意」と評価されるべきだと主張することになります。ここでも、重要なのは事実の方であって、事実をまともに主張せず抽象的に「相当な注意をしていた。」と言っても裁判所は具体的事実を基に「相当な注意」と評価できるか判断しますので相当な注意をしていたという評価は得られません。

ある事実がどのような法的評価につながるのかを理解するのは法律専門家でないと難しいので、パワハラ担当者としてはともかく事実を大事にして陳述書等を作る、ということを意識しておきましょう。

(2)　事実の種類と経験則

法律的には、事実は大きく主要事実、間接事実、補助事実、の3つに分類されます。

簡単に言ってしまうと、主要事実は要件事実に該当する事実で、パワハラ事案でいえばパワハラ行為があったという事実が正に主要事実に該当します（本章第1節参照〈51頁〉）。

間接事実は主要事実の存在を推測させる事実です。たとえば、2021年3月20日にYさんがXさんを殴ったという事実が主要事実とした場合に実際にYさんがXさんを殴ったのを見た人は誰もいないとします（主要事実を直接証明する有力な証拠がない、ということです。）。ですが、Aさんの証言により2021日3月19日にYさんがAさんに対して「Xはむかつく奴だ。明日、ぶん殴ってやろうと思っている。」と言っていたという事実が認定されたとすれば、かかる事実から2021年3月20日にYさんがXさんを殴ったのではないかという推測ができますよね。こういう事実を間接事実と呼ぶわけです。

この間接事実は実務において重要な働きをしています。実務では、主要事実の存在を直接立証する有力な証拠がなく、間接事実を1つひとつ主張立証していくことで主要事実を立証しなければならないという場合も少なくありません。しかし、A事実とB事実の存在が認められればX事実も推認できると考える裁判官もいれば、加えてC事実も認められないとX事実は推認できないと考える裁判官もいるため、間接事実による立証を要する事案における判決の予想は一般的には困難です（ちなみに、上述した「法的評価」で結論が決まる事案における判決の予想も一般的には困難です。）。

判決の予想が困難なのは両当事者共に同様ですので、そこに和解の

余地が生まれます。つまり、被害者としては「ひょっとしたら判決では完全敗訴して０円になるかもしれない。どこかで妥協した方が良いのではないか。」と考え、加害者側も「ひょっとしたら判決では完全敗訴して○○○万円支払えと命じられるかもしれない。どこかで妥協した方が良いのではないか。」と考えるわけです。実際、訴訟も大詰め（≒証人尋問手続直前）になると裁判所から和解案が示されることが多いので、この段階で和解が成立することが多いです。

　最後に補助事実ですが、補助事実とは証拠の証明力に影響する事実のことです。先ほどの例で、2021年６月20日にＡさんがＢさんに「Ｙは俺から借りたお金を返していない。３月20日にＹがＸを殴ったかなんか知らないが、Ｙはムカつくから裁判になったらＸ側について前日にＸを殴ってやると言っていたと嘘の証言をしてやる。」と言っていた事実が判明したとします。そうするとＡの証言は信用できないということになってきますよね。こういった事実を補助事実と言います。

　パワハラ事案では、目撃者の供述が証拠として出てくることが多く、目撃者の供述を信用できるかどうかで結論が決まる場合も少なくありませんので、パワハラ担当者は補助事実を軽視してはいけません。

　ある間接事実から主要事実を推認する過程においてもある補助事実からある証拠の証明力を判断する過程においても、そこには経験則が適用されています。「経験則」とは、普通、物事はこのような経過で進んでいくものだとか、普通、人間はこのような行動を取るものであるとかいう法則のことです。究極的には、裁判官によってこの経験則が違うからこそ同じ間接事実が認められる事案でも判断が異なるということが生じるわけです。

　なお、たとえば、「雲がかかってきたら雨が降る」というような誰もが知っている経験則は立証する必要はありませんが、一般的には知られていない特殊な経験則（大体、「業界での常識」みたいなものはこれに該当します。）については立証を要します。

(3)　認否

　訴訟では、原告（訴えた方）の主張する事実に対し、被告（訴えられた方）は認否をします。認否とは、相手方の主張した事実に対して、認める、不知（知らない）、否認（否定する）、のいずれであるかを明らかにすることです（なお、否認する場合には、その理由、つまり「それは違う。真実はこうだった。」ということを主張しなければなりません。）。原告は逆に被告が主張した事実に対して認否します。

　相手方が認めた事実は立証が不要になります。両当事者とも認めている事実は「争いのない事実」としてその真実はあったものとして扱って問題ないと考えるわけです。一方で、不知又は否認とされた事実については立証を要することになります。

　こういうルールになっていますので、加害者からのヒアリングの際には被害者が主張する事実についてきちんと認否を取っておかなければならないのです。

(4)　供述証拠の信用性（証明力）

　事実認定において特に難しいのが供述証拠の信用性です。被害者と加害者の供述も目撃者の供述も供述証拠に分類されますが、人は好き勝手に自分に都合よく物事を話すことができますので、供述証拠は契約書などの客観的証拠に比べると証明力に乏しいと考えられています。

　では、供述証拠が実務において軽視されているかというとそういうわけではなく、①客観的証拠及び争いのない事実との整合性、②他の供述との整合性、③供述内容自体の合理性（自然性）、④供述の具体性・迫真性、⑤供述の一貫性、⑥虚偽供述の動機の有無・程度、⑦知覚の状況、等を総合考慮して信用性の判断がなされており、供述証拠が決め手として判決が書かれることも少なくありません（特にセクハラなど密室で行われる類型の事案ではそうです。）。

　これらのうち、圧倒的に重要なのは①です。基本的に、客観的証拠や争いのない事実と整合しない供述は信用されません。たとえば、社

内の防犯カメラにＹがＸを殴る様子が映っているのに、Ｙが「Ｘを殴ったことはありません。」と述べていたとしても、かかるＹの供述は信用できないでしょう。また、ＸＹともに「ＹがＸの肩を右の平手で押した。」という事実を認めているのに目撃者Ａが「ＹはＸの肩を押していなかった。」と供述していたとすれば、かかるＡの供述も信用できないといえます。

　上記の例で、ＹがＡ事実、Ｂ事実、Ｃ事実を供述していたとして、そのうちＡ事実だけが客観的証拠に反する場合、Ａ事実の供述だけ信用性が否定されるかというとそういうわけではなく、Ｂ事実、Ｃ事実に関する供述についても「嘘を言っているのではないか？」ということになり信用性が低くなります。Ｂ事実及びＣ事実に関する供述がＡ事実に関する供述を前提としているのであればなおさらです。

　以下では、①以外の要素についても簡単に見ていきます。ただ、基本は①が最も重要ということを押さえておいてください。

　②の他の供述との整合性ですが、たとえば、Ａさん、Ｂさん、Ｃさんが「ＹはＸの肩を右の平手で押していました。」という供述をしているのにＤさんだけ「ＹはＸの顔面を右の手拳で殴っていました。」と供述している場合、Ｄさんの供述の信用性は低いと考えるわけです。逆も然りです。

　③の供述内容自体の合理性（自然性）ですが、これは話の内容自体を聴いて「そういうこともあるよね。」と納得できる内容かどうかということです。先ほど出てきた「経験則に反しないような話か」と言い換えることができますね。たとえば、Ｘが「Ｙは衝動的に暴力をふるう人間で、この前は、警察官が目の前にいたのに顔面を殴ってきて、さらに倒れた私に馬乗りになって殴ってきたのです。」などと供述したとした場合、普通、いくら粗暴な人間でも警察官の前で犯罪行為に及ぶことはありませんから、供述内容自体が不自然で不合理ということになり、信用性は低いということになります。

　④の供述の具体性・迫真性は、供述内容が正に体験した者でなければ話せないような具体的な内容か、迫真に迫ったような内容のものかということです。ただ、嘘でも時間をかければ具体的な内容の嘘を考えることができますので、これを重視するのは危険です。

　⑤の供述の一貫性は、そのままの意味で、供述が一貫している方が信用できると考えることで、逆に言うことがコロコロ変わっている（「供述が変遷している」などといいます。）と信用できないと考えます。ただ、人間の記憶は時の経過と共に曖昧になるものですから、核心部分を外れた細かいところについて変遷があってもそれだけで信用性が否定されるわけではありません。たとえば、目撃者Aさんが会社の調査の際には「XはYから右の平手で左肩を押されて２～３歩後退していました。」と述べていたのに対し、そのときから１年が経過した訴訟での証言のときには「XはYから右の平手で左肩を押されて４～５歩後退していました。」と供述を変遷させていたとしても、Xが何歩後退したかという細かいところまで正確に記憶を保持していなくても不自然なことではないので信用性を否定しません。一方、「右の拳で顔面を殴っていました。」と供述を変遷させていたとすれば、時間と共に記憶が曖昧になるとはいえ、さすがにYの行為態様が明らかに変わるのは不自然なので信用性が乏しいという判断がなされます。

　⑥の虚偽供述の動機の有無は、供述者に嘘を言う動機があるかということです。たとえば、上の目撃者Aの例で、Yが役職を外れることでAがYの役職に昇進できる関係がある、AはXの恋人である、などの事実（補助事実）があるとAには嘘を述べる動機があるということになり、虚偽供述の動機がない場合に比べれば信用性が乏しいということになります。ただ、虚偽供述の動機があれば必ず嘘をつくわけではありませんので、その程度についても検討しなければなりません。上記の例でいえば、AがYの役職に就くことでいくらほど賃金が上がるのか、なども検討する必要があるのです。たとえば、現在の月給が

20万円で月3000円しか上がらないのなら虚偽供述の動機はあるかもしれないが供述の信用性に与える影響は低いということになりますし、月100万円も上がるとすれば虚偽供述の動機があり、かつ供述の信用性に与える影響も高いということになります。

　虚偽供述の動機はあったとしても必ずしも表に出てくるものではないので、「虚偽の供述をする動機が見当たらない」として安易に供述の信用性を肯定しないよう注意が必要です。

　最後に、⑦の知覚の状況ですが、上記例でいえば、目撃者AがYのXに対する暴行（右の平手で肩を突く）を見たときのAとYの距離・立ち位置、その場所の明るさ、Aの視力などが知覚の状況に当たります。Aの視力が0.01で、かつAとYの距離が10mあったとすれば、「本当にちゃんと見えていたの？」という話になり、Aの目撃供述の信用性は低いということになります。

5　おわりに

　以上が事実認定の方法です。難しいようにも思えますが、実は、普段、我々が日常生活においてやっていることと大差はありません。日常生活において何となくやっている「信用できる」とか「信用できない」の判断を体系的にまとめると事実認定理論になるのです。

　本章で解説した事実認定の考え方は、法律実務のみならず、ありとあらゆる場面で使えます。何が立証対象となる事実（主要事実）なのかを決めて、その事実の存在を推測させる事実（間接事実）はあるのか、証拠は何があるのか、その証拠の証明力はどの程度のものなのか、証拠の証明力に影響するような事実（補助事実）としてどのような事実があるのか、を検討していくのです。

　もうお分かりかと思いますが、前章で紹介した初動対応のゴールデンルールは本章の事実認定の考え方に基づいています。まず、パワハラ行為の存在について立証責任を負う被害者から事実関係を聴き、そ

れを裏付ける証拠の有無を調査し、加害者の認否・反論を聴いて、客観的証拠と争いのない事実を中心に被害者の供述の全部又は一部が信用できるか（また、加害者の述べるストーリーが合理的な反対可能性といえるか）を検討しているのです。

　事実関係が複雑になってくると混乱してきますので、下記のような図を書きながら整理するとよいでしょう。

主要事実	証拠
3月20日午後2時頃、R室でYはXの左頬を右手拳で殴った。	X陳述書

間接事実	証拠
3月21日、Xは病院に通院し、顔面打撲と診断された。	診断書

間接事実	証拠
3月19日、YはAに対し、「Xはムカつくから今度生意気なことを言ったら殴る。」と言った。	A陳述書。AとYのアプリでのやりとり
補助事実	証拠
○○	○○

〈一歩前へ　陳述書の意義と供述録取書の違い〉

　巻末資料4（195頁）のような陳述書は民事訴訟においても提出されます。陳述書は、相対する当事者の反対尋問を経ていない供述に過ぎないので訴訟での証拠価値はほとんどないのですが（供述者本人に法廷で話を聴かないまま陳述書から直接事実を認定することはほとんどありません。）、全く無意味な証拠かというとそうではありません。

　陳述書には複数の機能があるといわれていますが、その中でも証拠開示機能と主尋問代用補完機能が主な機能といえます。

　証拠開示機能とは、供述者の供述内容を事前に開示する機能のことで、証人尋問の前に大体どのようなことを話すのかを開示することによって、当事者や裁判官に尋問事項を検討する時間を与えるのです。

　主尋問代用補完機能とは、詳細な数値の説明など性質上口頭での説明に適さない事項や身上経歴など時間をかけて尋問するまでもない事項を主尋問に代えて明らかにする機能です。これによって、たとえば、「あなたの身上経歴については陳述書に書かれているとおりですね。」「はい。」というやりとりで身上経歴に関する尋問を終えることができ、争点に集中した尋問が可能となります。

　陳述書にはこのような機能があることを意識して、パワハラ担当者は陳述書を作成するよう心掛けましょう。

　民事事件では陳述書が供述証拠として出てくるのですが、刑事事件では供述録取書といわれる供述証拠が出てきます。内容的には陳述書に似ているのですが、冒頭に、誰が、いつ、どこで、誰に対し、聴き取りを行ったということが書かれており、供述内容が書かれた最後の頁に「自分が話した内容で間違いない」ということで供述者の署名押印があります。大体、「誰が」のところは警察官の役職と氏名、「どこで」のところは警察署です。

　陳述書と違って、誰が、いつ、どこで、みたいなことまで書いてあるのは、刑事事件の方が厳格な立証を求められるからです。どのような場所で誰がどのような時間帯に聴き取りを行ったのかといった事実も供述の信用性に影響するためきちんと書いてあるのです。

　じゃあ、陳述書にも誰が、いつ、どこで、聴き取ったということを書いた方が良いのでは？と思われるかもしれません。

　たしかにそうなのですが、民事訴訟の場合、あえて書かなくてもほとんどの場合、「誰が」は代理人弁護士、「どこで」は代理人弁護士の事務所、「いつ」は事務所の営業時間のどこか、ですし、前述のとおり陳述書から直接事実を認定することもほとんどないので、「誰が」とかが気になるのであれば証人尋問（本人質問）で聴いてくださいという運用になっているのです。

　本書では実際の民事裁判を意識して学習していただくために巻末資料は陳述書という形にしましたが、実際の運用は、供述録取書の形式を採用した方がより良いといえるでしょう（ただ、陳述書の形式を採っても「誰が」「いつ」「どこで」という情報は別に記録することはできるので、大きな支障はありません。）。

第6節　弁護士と一般人の交渉は何が違う？（交渉術）

1　すべては交渉

　前節では、事実認定について学びました。事実認定の考え方に基づいて関係者から主要事実、間接事実、補助事実をヒアリングしなければならないというわけです。

　しかし、それは最低限の話で、パワハラ担当者は交渉に役立つ事実も聴き出さなければなりません。

　「被害者と交渉するのか？」と思われるかもしれませんが、そうです。被害者のみならず、加害者、会社（究極的には裁判所）も交渉相手になりえます。被害者、加害者、会社に対して、あなたの決めた処理について説得を行い、被害者から「これ以上、加害者や会社を訴えたりしない。」、加害者から「なされた配転・懲戒処分については受け入れて争わない。」、会社から「あなたの決めた処理で進めてくれ。」という同意を得る過程は正に交渉なのです。

　大切なことは、パワハラ対応は受け身な仕事ではないということです。第4節のゴールデンルールでいうところの「加害者からのヒアリング」を終えた時点で、ベストな答えは出るはずです。目指すべきゴールはこの時点で決まるのです。あなたは、被害者、加害者、及び会社をゴールに向かって、（大袈裟な言い方をすれば）導いていかなければなりません。そうすると、ファーストステップである被害者からのヒアリングの時点から、将来的には被害者の同意を得なければならないということを前提に信頼関係を構築するためのコミュニケーションを戦略的に取らなければならないのです。加害者、会社に対しても同様です。このように、パワハラ対応は能動的な仕事なのです。

　第4節で自己開示などの交渉術を一部紹介しましたが、一般的な交

渉術については他に多くの書籍が出ているところなので本書ではその全てについて解説はしません。大切なことは、学んだ交渉術を実践し、経験を積むことです。何冊の交渉術関連の書籍を読んでも本当の意味で体得することはできません。

　本節では、弁護士同士の交渉でよく見る交渉術をいくつか解説します。弁護士しか使えないというものではありません。但し、相手に「法律に詳しい人」として認識されることで効果を発揮するものですので、法務部に所属する方であれば問題ありませんが、法務のスペシャリストといった部に所属していないのであれば「この前に弁護士の講習を受けたときの話だと・・・」とか「顧問弁護士に相談してみたら・・・」などと言って法律（少なくともパワハラに関する法律）に詳しいという認識を与える必要はあるでしょう。

　なお、交渉術というのは、同じ相手に一回限り有効なものが多いです。後述の交渉術を同じ相手に何回も使っていると相手はあなたに対して不信感を抱いて交渉に当たってくるようになるので思うような効果は得られなくなるでしょう。

2　交渉術

(1)　BATNA

　BATNA（Best Alternative to Negotiated Agreement）とは、交渉が決裂した場合の最善の選択肢のことです。BATNAをきちんと認識していれば、交渉における「引き際」が明確になります。理論的には、請求側はBATNAを実行した場合に得られるであろう利益額を下回る妥結（和解）しかできないと判断すれば交渉を決裂させてBATNAを実行すればよいということになります。他方、被請求側は請求側がBATNAを実行した場合に得られる利益で妥結（和解）すべきということになります。

　BATNAは何も弁護士に特有の交渉概念ではありませんが、ここで

は弁護士に当てはめてBATNAを解説していきます。

　BATNAは相手に隠したり、ありもしないBATNAをあるかのように見せかけたりといったこともありますが、ご察しのとおり、弁護士にとってのBATNAとは、ほとんどの場合、「訴訟」です。弁護士がこのBATNAを隠すといったことはほぼありません。弁護士から送られてくる請求書は、概略「300万円支払え。和解できなければ訴訟を提起します。」というものが多いですが、これは暗に「交渉が決裂しても私たちは訴訟を提起することができます。その場合、あなたは少なくとも300万円以上のお金を支払うことになりますよ。」と言っているのです。

　逆に被請求側の弁護士は「円満な解決の観点から100万円であれば支払う用意がありますが、それ以上を望まれるのであれば訴訟による解決もやむを得ないと思料します。」などと返事をしますが、これは暗に「和解せず訴訟になった場合、あなたは多くとも100万円しか得られませんよ。」と言っているのです。

　このように両弁護士のBATNAが「訴訟で闘う」の場合、最終的には「訴訟になった場合にいくらの判決が出るのか」という"認識"の闘いになります。両弁護士が「判決になった場合には200万円支払えという判決が出る」と思えば200万円で和解が成立するかというと必ずしもそうではないのです。たとえば、請求側の弁護士は判決なら200万円と予想していたとしても300万円を得たいために被請求側弁護士に様々な裁判例や証拠などを突き付けて「判決になったら200万円じゃなくて300万円支払えということになりますよ。」とプレッシャーをかけることもあるのです。これによって「判決なら200万円」と思っていた被請求側の弁護士が「300万円になるかもしれない。」と思えば、300万円とは言わないまでも250万円など当初両者が認識していたBATNAの評価額である200万円を超えた金額で和解が成立するのです。

　このように、究極的には、客観的なBATNAの評価額がいくらなのかが重要なのではなく、相手に対して自分のBATNAをいくらと“認識”させるかにより妥結点は決まるのです。

　実務では、弁護士の「判決予想」だけで妥結点が決まるわけではなく、それぞれのクライアントの事情により妥結点が決まります。

　たとえば、請求側の弁護士が「判決ではほぼ100％の確率で300万円得られる。」と認識していたとしても、請求側本人に「来月までに少なくとも200万円をもらって銀行にお金を返さねば自宅の抵当権が実行されて自宅を失う。」という事情があれば、.のんびりと訴訟をやるという選択肢は採れませんから、訴訟というBATNAは無くなります。被請求側にこのような事情を知られれば、和解金の金額はかなり下げられてしまうでしょう。

　このように、弁護士同士の交渉になる場合においても当事者（パワハラの加害者及び被害者）の事情は重要な交渉材料になりますから、パワハラ担当者はこれらの事情もよくヒアリングしておかなければなりません。

⑵　弁護士的ドア・イン・ザ・フェイス

　ドア・イン・ザ・フェイスとは、初めに高めの要求を提示して相手に断らせた後に、少し下げた要求を出すことで相手のイエスを引き出すテクニックです。この交渉術は、返報性の原理に基づいています。返報性の原理とは、人の「人に何かをしてもらうとこちらも何かしてあげ返したくなる」という心理のことです。相手はあなたの要求を拒否し、あなたが要求を引き下げたことで、「要求を下げてもらったのだから、こちらも応じてあげないといけない。」と思うわけです（真摯に話を聴いてあげる、ということも究極的には返報性の原理を利用した交渉テクニックといえるでしょう。）。

　注意点は、初めに出す要求をあまりに高く提示しすぎないことです。あまりに高い提示をするとその時点で相手の信頼を失ってしまい

ます。

　弁護士も同じで、たとえば、裁判例に照らすと慰謝料は100万円前後と予想される事案で2000万円の提示をすれば法律家としての良識を疑われて相手の信頼を失ってしまいます。

　では、弁護士は初めの提示額をどのように定めているかというと、「法外」と言われない範囲で高めに設定した金額を提示することが多いようです。たとえば、本章第3節に出てきた入通院慰謝料は別にして慰謝料の金額は裁判官によって幅があります。同じような事実関係でも山口地方裁判所では100万円、東京地方裁判所では120万円という判決が出ていることがあります。こういう場合、初めの提示は120万円で出すというわけです。

　古典的な手法ですが、弁護士VS非法律専門家である場合、非法律専門家側には「せっかく減額に応じてくれたのに妥結しなければ訴えられるかもしれない。」という漠然とした不安もあるので、結果として妥結に至ることも少なくないようです。

　では、これをパワハラ事案に応用するとどうなるのでしょうか。

　勿論、被害者と慰謝料の交渉になった場合にはそのまま使えます。あなたは会社側なので、上の例でいえば逆に100万円から提示するわけです。

　このテクニックは何も金額の高低がある場合にしか使えないわけではなく、加害者に対する懲戒処分などにおいても使用できます。裁判例に照らすと2週間の出勤停止処分でも1週間の出勤停止処分でもどちらでも適法といえそうな場合に「今までの功績もありますから、あまり重くなり過ぎないように上司にかけ合ってはみますが、2週間の出勤停止処分になるかもしれません。」と伝えておき、処分は1週間の出勤停止処分で出すという具合です。「あいつ、頑張って1週間に減らしてくれたんだな。お返しに、俺もこの処分を争うのはやめておこう。」となるわけです。

⑶　カードの見せ方を変える

　交渉は、自分にとって重要な要求を相手に知られると不利になります。相手はその重要な要求を呑む対価としてこちらに過大な要求を呑むように提案してきます。たとえば、A要求、B要求、C要求の3つがあるとして、A要求を何が何でも呑んで欲しいと思っていることが相手に知れた場合、相手はA要求を呑む代わりに高い要求を呑むように言ってくるわけです。

　このような事態を避けるために、重要な要求ほど重要でないかのように見せ、重要でない要求ほど重要な要求のように見せるのです。要求を交渉のカードに見立てると、相手に対するカードの見せ方を変えるということになります。

　離婚事件でいえば、要求の対象は①離婚すること自体、②親権、③面会交流、④慰謝料、⑤財産分与、⑥年金分割、⑦養育費などですが、今、男性側で何よりも重視しているのは①の離婚すること自体で④の慰謝料は言い値で支払ってもよいと考えているとします。この場合に、あえて④慰謝料の支払義務や金額の多寡を争って慰謝料を重視しているように見せ（①については重視していないように見せ）、最終的には慰謝料について女性側の要求を呑んで「慰謝料についてこれだけ妥協したのだから当然離婚ですね。」と①の要求を通すのです。

　相手はこちらが①の離婚すること自体を重視していると知れば、こちらが①の要求を通すために自分の言うことは何でも聞くだろうと考えて④や⑤の金額を吊り上げてくるだろうし、①の要求もなかなか呑まなくなるでしょう。そのため、④を徹底的に争って、①の要求を重視していることを隠すのです。

　パワハラ事案についていえば、努力も虚しく被害者から訴訟提起されるかもしれないという場面に至ったとします。会社としては賠償金についてはある程度支払ってもよいが訴訟提起されることだけはレピュテーションリスクの観点からどうしても避けたいと考えていると

します。そうであれば、あえて、「和解が成立しなければ法廷で争うのもやむを得ない。最高裁まで闘う覚悟はある。」と訴訟提起されることはさして気にしていないという態度を示します。これにより、「会社は訴訟提起されることを恐れている。」という知られたくない事実を隠し、相手から賠償額を吊り上げられたり、実際に訴訟提起されることを防止するというわけです。

(4)　サンクコストの利用

　長期間交渉を継続して、やっと和解が成立すると思ったら、今まで何にも言っていなかったような要求を急に突きつけられたり、一部を分割払いにして欲しいなどと譲歩を迫られることがあります。

　交渉のために使った時間・労力は取り返すことができませんが、このような回収不可能になったコストをサンクコスト（埋没コスト）といいます。行動経済学的には、サンクコストは意思決定において考慮すべきではないのですが、人はサンクコストに影響されて意思決定をする傾向にあります。「ここまで金と時間を費やしたのだから今更やめられない。」という経験は読者の皆様にもあるのではないでしょうか。

　上記の例でいうと、相手から和解成立直前に出された要求は、客観的にみて呑むべきではないものであればきっぱりと断るべきなのですが、「今まで時間と労力を費やしてここまで来たのに、相手の要求を断って和解交渉が決裂して訴訟になったら全てが無駄になってしまう。」と考えて、つい相手の要求を呑んでしまうのです。

　長期間の交渉の後に和解成立直前にいきなり今までなかったような要求を出すのはサンクコストを利用した交渉術の典型ですが、サンクコストを利用した交渉手法はこれに限られません。究極的には、交渉成立に向けて金・時間・労力を多く投じた方が交渉では不利になるのです（あくまで心理的に、という意味です。）。

　パワハラ事案についていうと、時間と労力を費やすのはほとんどの

場合、会社側ですから、会社側に立つあなたがサンクコストを利用して積極的に交渉を行うというよりは、あなた自身がサンクコストの誘惑に負けて妥当でない和解なり処分をしないように注意することが必要です。

　以上、いくつかの交渉術を見てきましたが、これら「テーブルに着いたあと」の交渉術で相手を説得することよりも、「テーブルの外」での動きにより勝負が決することがあることを忘れてはなりません。

　弁護士が介入する事件でよく見られるのは被請求側の行為が犯罪に該当する場合に刑事告訴を行うことです。被請求側に警察の取調べを受けさせ「被害者である請求側と和解が成立しなければ前科者になってしまうおそれがある。」というプレッシャーを与えることで民事上の交渉を有利に進めるのです。

　ほかにも就業規則の不利益変更により賃金を減額する必要がある場合において、同意を得られなさそうな者以外の全員の同意を先に得てしまうという手法などがあります（「自分以外の全員が同意している。」というテーブル外の状況を作ってしまうわけです。）。

　相手にとって交渉上有利な状況や自らに不利な状況自体を変えてしまうということが効果的な場合もありますので、このような観点も忘れないようにしましょう。

第7節　処分の公表等に関する注意点 （人事処分の適法性判断）

本節の理解は、問2及び問5に回答するために必要となります。

1　はじめに

本節では、パワハラ事案において会社が被害者ないしは加害者に対して行うことのある休職命令、自宅待機命令、配転命令、懲戒処分、公表について法律的な注意点を解説していきます。

パワハラ事案を解決に導いていくためには会社に認められている上記各種権限を利用することが不可欠ですが、使い方を誤ると被害者ないしは加害者から訴えられて損害賠償義務を負う結果になることもあります。

本節を読んで各種権限の使いどころと使い方を押さえていただければと思います。

2　休職命令

休職命令を理解するためにまず休職制度を理解しなければなりません。

会社と労働者は雇用契約を締結していますが、この契約により労働者は会社に契約で定めた労務を提供（正確には「債務の本旨に従った労務の提供」といいます。）する義務を負い、会社は労働者にその対価として賃金を支払う義務を負います。そうすると、労働者が業務に起因しない疾病により契約で定めた労務の提供ができなくなった場合には、もはや雇用契約を維持していても意味がないので、会社は雇用契約を解除できるということになります。つまり、解雇ですね。

しかし、一口に疾病といっても数日、数か月で治癒する場合もあり

ます。一時的に労務の提供ができなくなったからといって即解雇というのは労働者に酷すぎるじゃないかと思いますよね。そこで、疾病が治るまで労務の提供はしなくていいですよ、とりあえず解雇はしないでおきますよ、という考え方が出てきます。

　これが休職です。休職とは、つまりは解雇の猶予なのです。

　では、休職命令とは何かというとその字のとおり、会社の方から休職を命じるものです。Ｙ１社の就業規則では第14条に定めがあるので確認してみてください（**巻末資料２**〈188頁〉）。第１号はいわゆる私傷病による休職命令を定めています。これは、１か月も欠勤が続いたら「契約に定めた労務の提供」は不可能と判断して休職にしますよ、という意味なのです。

　こうして見ていくと、曖昧な記載となっている同条第５号の意味は分かりますよね。第５号は、要するに第１号から第４号までの事由以外の事由により「契約に定めた労務の提供」ができないと認められる場合を意味しているのです。

　休職中は、通常、賃金支払義務は発生しません（「ノーワークノーペイの原則」といいます。）。Ｙ１社の就業規則でもそうなっていますね。このように、休職命令は労働者の賃金請求権を失わせるものですから、真実は「契約に定めた労務の提供」が出来たにもかかわらず会社が誤って休職命令を出してしまった場合、休職命令の要件を充たしていないのに休職させて賃金を得られなくしたということで、違法の評価を受けることになります。ですから、休職命令を出す際には、本当にその要件を充たしているのかよく検討しなければならないのです。

　最も安全な方法は、労働者に医師の診察を受けさせ（Ｙ１社就業規則第66条第４項に定めるように「受診命令」といった手段もあります。）、医師から「休職させるのが相当である。」という診断書を出してもらい、その診断書に基づき休職させることです。医師の診断なく医療の素人である会社が勝手に精神疾患に罹患していると決めつけて

休職させるのは極めて危険です。

　では、本人がどうしても病院に行かない場合はどうしたらよいのでしょうか。

　本人が特に何のミスもなく仕事が出来ているのであれば適法に休職命令を発することは不可能ですが、現に仕事のミスを頻発しているような場合には、その事実が「契約で定めた労務の提供」が出来る状態ではないことを示すことになるので、かかる事実に基づいて休職命令を発することになります。

　以上のとおり、休職命令は労働者が「社会通念上、契約で定めた労務の提供が出来ない状態であること」が前提となりますので、この要件を充たしていないのに使用しないように気をつけましょう。

3　自宅待機命令

　自宅待機命令とは、その字のごとく自宅での待機を命じるものです。休職命令との違いは、賃金支払義務の有無にあります。休職命令の場合は賃金の支払義務はありませんが、自宅待機命令の場合には賃金の支払義務があります。

　自宅待機命令は、「あなたの仕事は自宅で待機することです」というものなので、自宅にいる＝仕事をしている、という扱いになり、賃金支払義務が発生するのです。会社としては、賃金を払っているのだから会社に来て働いて欲しいと考えるのが普通でしょうから、通常、使うことはありません。

　では、どのような場合に使うかというと、①休職命令を出せるほど契約で定めた労務の提供ができないかはっきりしないが、出社を続けさせると別の問題が発生する場合、②懲戒処分としての出勤停止や懲戒解雇ができるほどの証拠がないが、加害者が出勤を継続することで証拠隠滅を図ったり、被害者に重大な結果が生じる危険があり、暫定的に出勤を停止させる場合、などに使用されます。

休職命令と異なり賃金は支払うので、労働者に対する不利益は少なく（家にいるだけで賃金をもらえますので）、基本的には当該労働者を退職に追い込むなどの不当な目的を持って行う場合などでない限り、広く適法に発令することができます。

労働者に不利益な処分を課すには証拠関係が微妙な状態だが、とりあえず被害が拡大しないように出勤を停止したいという場合に、非常に使いやすい命令だと覚えておいてください。

4　配転命令

配転命令は、勤務地や職務内容を変える命令です。Ｙ１社の就業規則では第９条に定めがありますね（**巻末資料２**〈188頁〉）。

会社には人事権があり、人事権に基づき勤務地や職務内容を変える事ができます。ただ、初めの雇用契約の際に勤務地や職務内容を限定していると、原則として勝手に勤務地や職務内容を変更することはできないので注意が必要です。配転命令を出す際には、名宛人となる労働者との雇用契約書をしっかりと確認しましょう。

配転命令に関しては、裁判所は会社の裁量を認めているため、違法となる場合は限定的です。すなわち、配転命令が違法となるのは、①業務上の必要性がない場合、②業務上の必要性があっても不当な動機・目的をもってなされたものであるとき、③労働者に通常甘受すべき程度を著しく超える不利益を負わせるものであるとき、など権利濫用と評価される場合に限られます（東亜ペイント事件　最高裁昭和61年７月14日判決　労働判例477号６頁）。

パワハラ事案でいえば、加害者と被害者が同一の職場で就労を続けることが困難になることが少なくないので、そのような場合には基本的に加害者の配転を検討します（勿論、被害者の同意がある場合には被害者の配転でも大丈夫です。）。

その際は、上記要件を意識して違法な命令とならないように注意し

ましょう。

5　懲戒処分

　パワハラが認定された場合、通常、加害者に対して懲戒処分を課すことを検討します。Ｙ１社の就業規則では第75条以下に定めがあります（巻末資料２〈188頁〉）。

　「なんて酷いパワハラをする奴だ！許さん！」と厳重に処分したくなることもありますが、加害者のパワハラ行為に照らして重すぎる（＝相当ではない）処分を課しても無効となり、さらには会社が加害者から訴えられることになってしまいます。

　このことを定めた条文が労働契約法第15条ですので、以下に引用しておきます。

（懲戒）

第十五条　使用者が労働者を懲戒することができる場合において、当該懲戒が、当該懲戒に係る労働者の行為の性質及び態様その他の事情に照らして、客観的に合理的な理由を欠き、社会通念上相当であると認められない場合は、その権利を濫用したものとして、当該懲戒は、無効とする。

　こういう場合はこういう懲戒処分が妥当・・・ということは一概には言えませんが、軽微なパワハラの場合には戒告・譴責、傷害など犯罪にも該当するものや悪質性の高いものは減給・出勤停止（停職）、降格、行為の悪質性が極めて高く被害者が死亡するなど結果も重大な場合には懲戒解雇、とイメージしていただくとよいかと思います。戒告・譴責を受けたことがあるのにまたパワハラを繰り返した、という場合には懲戒処分のステージが懲戒解雇に向けて上がっていきます。軽微なパワハラでも何度も繰り返せば、戒告→減給→出勤停止→降格

→懲戒解雇、というように徐々に重たくしていきます。

　以下では、加害者が懲戒処分を重すぎるとして会社を訴えた裁判例を紹介します。どの程度の行為であればどの程度の懲戒処分が許されるか、参考にしていただければと思います。

(1)　降格処分の有効例（東京地裁平成27年8月7日判決）

　ア　事案の概要

　　不動産会社であるＹ社に勤務するＸは、降格処分前は理事（8等級）・流通営業部長の地位にあったが、Ａら従業員に対するパワハラ行為を理由に降格処分を受け、副理事（7等級）・担当部長に降格させられた。

　　Ａに対するパワハラは、「12月末までに2000万円やらなければ会社を辞めると一筆書け」「今までどうせ適当にやって生きてきたんだろう」「外部研修でどうにもならないという判断がされた者が2人いた。お前ともう一人だ。」「会社に泣きついていすわりたい気持ちは分かるが迷惑なんだ。」などというものであった。Ａはこれらの行為により継続的にカウンセリングを受けざるを得なくなった。

　　また、ＡのほかにＢ及びＣにも同様に退職を強要し、Ｄ及びＥには売上をあげられない者を退職させることを仕事として指示していた。

　イ　裁判所の判断

結論：有効

理由：　Ｘの行為は成果の挙がらない従業員に対して適切な教育的指導を施すものではなく、単に結果をもって従業員の能力を否定し、それどころか退職を迫るもので悪質である。

　　　　結果、Ａは継続的にカウンセリングを受けざるを得ない状況に陥っている。

　　　　Ｙ社がハラスメントのない職場作りを経営指針としている中において、幹部として職責を忘れたものといわざるを得

　　ず、降格処分は相当である。

　ウ　解説

　　本裁判例から分かるとおり、いわゆる言葉の暴力というものも度を過ぎれば重たい処分が相当とされます。

　　上記労働契約法でいうところの「その他の事情」について、本裁判例では被害者に生じた結果（継続的なカウンセリング）、加害者の地位（理事）が考慮されていますが、ほとんどの事案でこの「被害者に生じた結果」と「行為者の地位」は考慮されていますので、この点はしっかりと押さえておきましょう。

(2)　懲戒解雇の有効例（東京地裁平成28年11月16日判決）

　ア　事案の概要

　　商品等の共同購買代行業務等を行うＹ社に勤務するＸは、従業員Ａらに対するパワハラを理由にＹ社取締役から厳重注意を受け（以下、「第一パワハラ」という。）、その約１年後もＡらに対してパワハラを行ったとして（以下、「第二パワハラ」という。）、懲戒解雇処分を受けた。

　　第一パワハラは、休日でもLINEの返事を強要したこと、部下であるＡらに対し「お前、アホ」「お前、クビ」「お前なんかいつでも辞めさせてやる。」などと言ったり、「私は至らない人間です。」と復唱させた行為である。

　　第二パワハラは、部下であるＡらに対し「お前はセンスがない。」「お前は生き方が間違っている。」「スポーツも勉強も全部中途半端にしかやってこなかった。」「売上が上がらないなら給料を返せ。」「お前は嫌いだ。」「話しかけるな。」などと述べ、うち１名を適応障害（不安抑うつ状態）に陥らせ、うち１名を部署異動させざるを得ない状況に追い込んだ。

　　なお、第二パワハラ後、取締役から再度注意を受けたが、自らの行った行為は指導のために必要なものであったと答えた。

イ　裁判所の判断

結論：有効

理由：　厳重注意を受けて1年という短期間で再度パワハラに及んでおり悪質である。また、部下の部署異動を余儀なくし、適応障害に罹患する者まで出るなど結果は重大である。

　　　　さらに、自らの行為を指導として正当と主張して反省も見られず、上司として適性を欠く。将来、再び部下に対するパワハラに及ぶ可能性も高く、解雇は相当である。

ウ　解説

　暴力などの明確な犯罪行為が無くとも、本例のように部下の異動や精神疾患の罹患といった会社にとってもマイナスの影響を生じさせた挙句、反省も見られないような場合、懲戒解雇は相当とされます。

　反省しているかどうかは繰り返しているかと言い換えることもできますので、過去にパワハラで何らかの処分を受けたことがあるかどうかは重要視されます。会社としては、訴訟できちんと「過去にも注意していた。」と主張できるように、パワハラがあった場合には戒告などの処分に付して始末書を提出させて注意していたという事実を証拠化しておくことが大切です。

(3)　懲戒解雇の無効例（大阪地裁平成29年12月25日決定）

ア　事案の概要

　事実上、Y社の従業員の中ではトップの地位にあったXは、Y社の倉庫において、Y社の若手従業員Aの顔面を平手でたたく暴行を加え、Aに加療5日間を要する傷害を負わせた。

　XはAに対し、以前から「殺す」「臭い」「昼食はゴミ箱の前で食え」など暴言を言ったことがあった。

　なお、Xは、後にAに対して謝罪している。

イ　裁判所の判断

結論：無効

理由：　行為は平手で顔面を1回叩いたというもので悪質性・危険性は比較的小さく、傷害結果も軽微である。

　　　　Ｘはこれまでγ社から懲戒処分を受けたことがなく、ＸがＹ社から若手従業員の対応方法について指導を受けたという事実も認められない。

　　　　そうすると、懲戒解雇は重きに失しており、合理的理由がなく、相当性を欠く。

ウ　解説

　本例が示すように、犯罪に該当＝懲戒解雇相当、と認められるわけではない点に注意が必要です。行為が犯罪に該当するかどうかのみならず、行為の悪質性、結果の重大性、反省の有無などを総合的に考慮して判断するようにしましょう。

　本例が示すとおり、過去に一度も懲戒処分をしていないのにいきなり懲戒解雇とするのは非常にリスクが高いです。パワハラを繰り返す者を有効に解雇するためには、パワハラ行為が発覚した際にきちんと懲戒処分を行っておかなければなりません。きちんと懲戒処分をすることで加害者もパワハラに気を付けるように意識付けされ、結果としてパワハラで解雇されるといった不幸な結果を避けることができます。

　適時適切な懲戒処分は会社、被害者、加害者の全員を救うものなので、ためらわずに行うようにしましょう。

6　処分の公表

　パワハラを理由として懲戒処分を行った場合には、そのことを社内で公表することが考えられます。公表される可能性があるということでパワハラに対する心理的抑制が働き、また会社の「パワハラは許さない。」という姿勢が従業員に伝わりますので、公表は再発防止に有

効な手法といえます。

　但し、気を付けなければならない点もあります。それは、被処分者の氏名や具体的な行為まで公表するかどうかです。

　氏名は個人情報ですので、これを公表するのであれば、個人情報保護法に則った対応（雇用契約書又は就業規則等に氏名の利用目的として懲戒処分時に公表することがあることを明示しておくなど）が必要になります。

　ただ、このような個人情報開示の同意があれば何でも公表してよいというわけではなく、名誉・プライバシーに対する配慮が必要になります。裁判例の中には、懲戒停職処分の事案につき「著しく不相当な方法」で公表するのでなければ違法とはいえないと比較的緩やかな基準を示すものもあれば（東京地裁平成19年4月27日判決）、懲戒解雇の事案において「公表する側にとつて必要やむを得ない事情があり、必要最小限の表現を用い、かつ被解雇者の名誉、信用を可能な限り尊重した公表方法を用いて事実をありのままに公表」しなければならないと比較的厳しい基準を示すものもあります（東京地裁昭和52年12月19日）。

　これらの裁判例を踏まえると、基本的には、著しく悪質な事案でない限り、氏名までは公表せず、処分の理由となったパワハラ行為と処分内容だけを公表するにとどめるのが穏当といえるでしょう。

第3章

数値化と意思決定の技法

 第1節　法務リスクを定量化する手法（期待値）

1　定量化の必要性

　第1章第3節（17頁）で述べたとおり、リスクは定量化することが望ましいといえます。

　「パワハラは違法なので防止しましょう。」というのは正論でそのとおりなのですが、そのような正論だけでパワハラが無くなるわけではありません。

　経営資源の限られた中小企業において、パワハラ防止策に相当の経営資源を投下する、あるいはパワハラ防止のために別の相当のリスク（加害者の離職など）を採ることを決定させるためには、数値による合理性の裏付けが必要になります。

　「このままだと危ないですよ。」と言われるより、「このままだと1億円の損害が発生しますよ。」と数値を示された方が危機感を感じやすいですし、具体的な資金繰りなどへの影響もイメージできます。

　また、意思決定の合理性を後で検証可能とするという観点からも数値化は行うべきといえます。

　勿論、すべてが数値化できるわけではありませんし、無理に数値化

できないものを数値化する必要もありません。

　ただ、全く数値化しないよりは一部でも数値化した方がより良い意思決定を導くことができることは間違いないところです。実際に本節での知識を前提に意思決定を考えてみると、定性的な判断だけに頼ることの危険性がご理解いただけるかと思います。

　それでは、さっそく、リスクの定量化手法について学んでいきましょう。

2　期待値の算定

　本事案において、総務部長らはパワハラの事実を認識しながら何も具体的なアクションを採ろうとしていません。何かを判断し、選択すれば、その選択に対して責任を負い、リスクを負う、そう考える人は多いでしょう。

　しかし、法律的には、放置する、何もしない、見て見ぬ振りをする、誰かに丸投げする、これらも立派な判断であり、選択です。そして、選択にはリスクが伴います。法律的には「不作為」といいますが、人は不作為のリスクに鈍感です。

　では、我々はどうリスクを認識し、評価して、行動を決めていけばよいのでしょうか。

　第1章第3節でも簡単に触れましたが、リスクは、

　発生時に予想される損害額×発生確率（発生可能性）

の式によって算出することができます。

　たとえば、あるパワハラによりＸさんがＹさんを訴えて300万円の支払いを求めたとして、70％の確率でＹさんが敗訴し、300万円を支払わなければならないとすると（実際には、弁護士費用や遅延損害金

の支払義務を生じますが、ここでは省略します。)、Yさんにとっての
この訴訟のリスクは、300万円×70％＝210万円と算出（評価）できま
す。

　こう見ると単純のように思えますが、実際の訴訟はこのようなオー
ルオアナッシングとなるものではありません。実は、判決まで進むこ
とはそう多くなく、多くの事件が和解によって終了しています。そし
て、和解の場合、当然相互に譲歩が必要ですから、上記例でいえば「Y
さんがXさんに300万円支払う。」という内容の和解は基本的に成立し
ません。Xさんも譲歩して、支払額は250万円だったり200万円になっ
たりすることもあるのです。逆も然りです（YさんはXさんに1円も
支払わないという和解も成立しえません。）。

　そうすると、和解の場合についても考慮しなければなりません。こ
こでは、200万円で和解が成立する確率が60％、全面敗訴判決に至っ
て300万円を支払うことになる可能性が30％、全面勝訴判決に至って
支払額が0円になる可能性が10％だとします。そうするとYにとって
この訴訟リスクは

$$（-300万円×30％）＋（-200万円×60％）＋（-0円×10％）$$
$$＝-210万円$$

と算定できます。

　「あれ？これなんか見たことがあるぞ。」と思われる方もいらっしゃ
るでしょう。

　そのとおり、これは期待値の計算です。マイナスの期待値を算定し
ているだけのことなのです。

　こうしてみると、上記の例で、判決に至った場合、30％の確率で全
面敗訴して300万円の支払義務を負うのではなく、10％の確率で全面
敗訴して300万円の支払義務を負い、20％の確率で一部敗訴して100万

円の支払義務を負うとした場合のリスクも簡単に計算できますね。

$$（-300万円×10\%）+（-100万円×20\%）+（-200万円×60\%）$$
$$+（-0円×10\%）=-170万円$$

となります。

　「予想される損害額なんて計算できないよ。」と思われる方もいらっしゃるかもしれませんが、第2章第3節（61頁）を思い出してください。ここでは、パワハラにおいて発生する典型的な損害について解説していましたね。少なくとも法的損害については第2章を参考に計算していけば算出することができます（非法律的損害の算定については第1章第3節〈17頁〉及び第4章第6節〈178頁〉参照）。

　全面敗訴の場合のみならず、証拠に照らせば一部敗訴の場合の金額も推算できます。たとえば、「退職せざるを得なくなったという部分は認められなさそうだから、逸失利益の賠償は命じられないな。」と思えば、逸失利益の部分を除いて計算すればよいのです。たとえば、XさんがYさんに対して、Yさんのパワハラにより退職せざるを得なくなったとして、慰謝料50万円、逸失利益として月給30万円×6か月分＝180万円を請求したという事案について当てはめると、慰謝料だけ認められるという一部敗訴判決の場合の賠償額は50万円です。

　「いや、逸失利益が判決で認められるとか認められないとかそんなの予想できないよ。」と思われる方もいらっしゃるかもしれません。第2章第5節（96頁）を思い出してください。きちんと証拠（手持ち証拠のみならず相手方から出てくることが予想される証拠も含みます。）と向き合えば逸失利益が判決で認められるかどうかはある程度の予想ができるはずです。たとえば、パワハラ自体が強度のものではない場合（言い換えれば、その行為があったら退職に至るのもやむを得ないといえるような行為ではなかった場合）や、精神疾患の罹患な

どについて適格な証拠がない場合（言い換えれば、退職せざるを得なくなった原因が認定できない場合）などは、逸失利益は認められないと推測することができます。

　ですが、やはり発生確率（発生可能性）の判断は難しいところがあります。たとえば、上記の例で、「では、慰謝料だけ認められる判決が出る可能性は何％なのですか？」と言われて「間違いなく38％です。」などと正確に答えられる人はいないでしょう。

　訴訟に限らず、たとえば、本事案で「Ｙ２のパワハラを放置した場合に、Ｘが自殺してしまう可能性」なども正確には誰も分からないでしょう。

　しかし、確率が極めて高い、高い、やや高い、やや低い、低い、極めて低い、で６段階程度に分けることはでき、各段階に対応して95％、75％、60％、40％、25％、５％といった数値を割り当てることはできます。

　「それではアバウト過ぎるのではないか？」という批判があるかもしれません。

　たしかに、アバウトな面があることは否定できません。しかし、このような確率によるリスク評価の方が、全く確率を考慮しないリスク評価よりはよっぽどマシです。

　たとえば、労務に精通した弁護士が「Ｘさんが退職後に訴えてきたとしてもＹ社さんからの話と証拠関係を前提にすればほぼ負けることはないでしょう。」と言っているとします（Ｙ社がこの訴えに全面敗訴した場合の賠償額は1200万円と仮定します。）。それでも、Ｘさんが退職して訴えてきた場合のリスクをマイナス1200万円と評価するのには違和感を覚えるでしょう。

　上の例に当てはめると、「ほぼ負けることはない」＝「極めて低い」と考えて、Ｘさんが退職して訴えてきた場合のリスクは、1200万円×５％＝60万円ということになりますが（ここでは和解の可能性等

は簡略化のため無視しています。）、こちらの方がよりリスクを適切に
評価できているといえるでしょう。また、もし、この訴訟で敗訴した
場合、なぜ訴訟提起される前には95％の確率で勝訴できると考えたの
か、敗訴に至る要因としてどのような事実を見逃していたのか（又は
過小評価していたのか）、などの事後的な検証も効果的に可能となり
ます。

　さて、ここまでは、ある決定により直ちにある帰結に至る、という
場合のそのある決定についてリスク評価について学びました。しか
し、実務では訴訟になった場合のリスクのみを検討すれば足りるとい
うことはありません。訴訟になるかなり前の段階での意思決定では、
その時点から見て将来に生じうる事象を予測し、その事象も織り込ん
で意思決定を行わなければならないのです。「訴訟になった場合」と
いった「点」でのリスク評価のみでは合理的な意思決定を導くことは
できないのです。

　そこで、次節では「点」と「点」を結び、比較し、合理的な意思決
定を導く手法である「決定の木」について解説していきます。

〈コラム　主観確率と客観確率〉

　我々が「○○％の確率でＡという事象が発生する。」などと将来を予測するとき、それは通常、主観的な信念の度合に過ぎないという意味で「主観確率」と言われます。これに対し、サイコロの１の目が６分の１の確率で出るという場合の確率を「客観確率」といいます。

　本章で用いている確率は、当然、すべて主観確率です。

　第３章で解説する決定の木もこの主観確率をベースにするものですから、その正確性については自ずと限界があると理解しておく必要があります。

　ここでは少し休憩ということで、確率にまつわる面白いクイズを紹介します。客観確率ですら直観的に判断すると誤りやすいという話です。

　読者の皆様の中にも、スマートフォンでゲームをされる方がいらっしゃるのではないでしょうか。スマートフォンゲームといえば「ガチャ」ですよね。スマートフォンゲームをされない方のために説明しますと、ガチャとは、お金で買えるアイテムを費消して一定の確率でキャラクターなどを取得できるという仕組みです。たとえば、ゲーム内通貨1000ゴールドで１回ガチャを回せて、１％の確率でキャラクターＡが排出されるという具合です。プレイヤーにガチャを回すかどうか（さらに言えばガチャを回すために課金をするかどうか）を判断させるための指標として、提供割合というものが表示されます。たとえば、ウルトラレアは１％、スーパーレアは10％、ノーマルは90％の確率で排出されるといった感じです。

　さて、それではクイズですが、キャラクターＡが排出する確率が１％のガチャを100回回してＡが出る確率は何％でしょうか。

　「何を言ってるんだ。100％に決まってるじゃないか。」と思われた

方もいるのではないでしょうか。これは間違いで、答えは約63.4％です。

　1回目に回したときにAが排出される確率は1/100（1％）で、排出されない確率は99/100（99％）です。では、2回目に回したときにAが排出される確率と排出されない確率はというと、やはり同じになります。ここがポイントで、リアルガチャとの違いになります。リアルガチャの場合、回してカプセルが出てきたことでそのカプセルはガチャの中から無くなりますから、2回目に回すときにAが排出される確率は1/99（≒1.01％）で、排出されない確率は98/99（≒98.99％）です。同様に3回目以降は排出される確率が上がっていきます。

　これに対し、スマートフォンゲームのガチャは母数が減っていくことはありませんので、何回回そうとも排出率は変わりません。ですので100回回して100回ともAが出ない確率は$(99/100)^{100} \fallingdotseq 36.6$％となり、1（100％）からこの確率を引いた確率である63.4％が100回回してAが排出される確率になるのです。

第2節　決定の木を作ってみよう（決定の木）

1　概要

　決定の木は、判断時点から決定により分岐して将来起こり得る事象と帰結を予想し、帰結から逆算して最も合理的な決定を明らかにするものです。

　特徴は、帰結から決定に遡って分析を進める後戻り思考法の考え方だということです。予想される結果から逆算して最も合理的な決定を選択する手法といえるでしょう。

　その名のとおり、「木」のような図を書いていくのですが、抽象的に書き方を説明しても分かりにくいかと思いますので、さっそく、具体例を踏まえながら説明していきます。

2　作り方

　具体例を挙げた方がよいので、以下のような簡単な事案について考えてみます。

〈事案〉

　あなたはパワハラ担当者としてXから相談を受けた直後です。

　YがXに対してパワハラを行っており、Xはパワハラを理由として退職した後、慰謝料と逸失利益を請求してくる可能性があります。予想される内訳としては、慰謝料が100万円、逸失利益が月給40万円×9か月分＝360万円で合計が460万円です（X側の弁護士費用及び遅延損害金は無視します。）。

　あなたが何も対処しなかった場合、100％の確率でXは退職し、80％の確率で退職後に上記請求を行ってきます。この請求があった場

合、会社は460万円を支払って和解する選択もできますし、訴訟で争うこともできます。和解できない場合、Xは100％の確率で訴訟提起に踏み切るものとし、訴訟になった場合の見通しは、全面敗訴して460万円を支払う可能性が20％、300万円で和解が成立する可能性が70％、全面勝訴して支払義務を負わない確率が10％です。また、訴訟になった場合、会社は弁護士費用を負担しなければならず、いずれの結果であっても30万円かかるものとします。

　他方、あなたがYをXと異なるA支店に異動させる命令を行った場合、Yは25％の確率で退職し、この場合、Yが上げていた売上が減少して500万円の逸失利益が生じます。75％の確率でYは残留しますが、YをA支店へ異動させるコストは100万円です。

　まず、あなたには「放置する」と「YをA支店に異動させる」の2つの選択があります。このように複数の選択がある場合、□を書きます（以下、「決定ノード」といいます。）。

　次に、選択した後に発生する事象が複数想定される場合には、○を書きます（以下、「確率ノード」といいます。）。確率ノードの先がある帰結（結果）となる場合には●を書きます（以下、「帰結ノード」といいます。）。

　確率ノードの先でさらに複数の発生し得る事象がある場合にはさらに○を、確率ノードの先に選択場面が生じる場合には□を書きます。確率ノードの先が決定ノードであることもありますし、決定ノードの先が確率ノードのこともありますが、いずれにしても、最後は必ず帰結ノードで終わります。

　各ノードは直線（枝）で結びます。線の近くには、選択する事象や発生する事象を書きます。

　数値はとりあえず置いておき、ここまでの図を作ると**図1**のようになります（先に数値を抜きにして書いた方が書きやすいです。）。

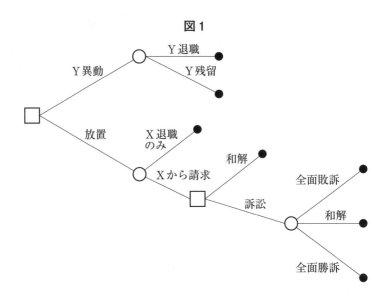

図1

次に、数値を入れていきます。

帰結ノードにその帰結に至った場合の金額を、確率ノードから帰結ノードに繋がる線（枝）にはその発生確率を書きます。確率ノードにはそのノードが示す事象の期待値を書き込みます。選択ノードの場合、選択ノード先の帰結ノードの数値又は確率ノードの期待値を比較して判断者に不利益な方の選択は行わないので二重線をつけて選択から排除し、残った先のノードの数値を書きます。

これを、帰結ノードから初めの選択ノードまで繰り返します。

ここまでの数値を入れて決定の木を完成させたものが**図2**になります（計算過程について※部分を参照してください。）。

図2

単位：万円

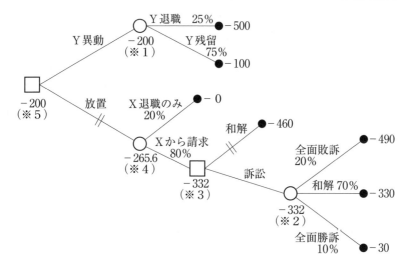

※1　−500×0.25＋−100×0.75＝−200
※2　−490×0.2＋−330×0.7＋−30×0.1＝−332
※3　−460＜−332なので、−460の選択は排除される。
※4　−332×0.8＋−0×0.2＝−265.6
※5　−265.6＜−200なので、Y異動を選択すべきという結論になる。

　このように、帰結から計算を行うのが特徴です。※1ないし※5の計算過程をしっかりと確認しておいてください。

　図2によれば、「Y異動」という選択の期待値と「放置」という選択の期待値を比べた場合、「放置」の方がマイナスの値が大きいので、会社としては「Y異動」を選択すべきという結論になります。

　この節の事案では、数値や選択肢を簡略にしていますが、実際の損害計算はかなり骨が折れる作業になりますし（法的損害だけでも大変ですが、法的損害ではない事実上の損害も加味するとかなりの労力になります。）、分岐させる確率ノードの設定も細かくなります（たとえば、この節の事案では、Xからの請求があった場合に、その時点で和

解交渉をした場合の確率ノードを設定するなどが考えられます。）。確率ノードからの分岐もさらに細かくなることがあるでしょう（たとえば、この節の事案では、訴訟になった場合について一部敗訴も加えることが一例として挙げられます。）。

　この図を見ていただければ分かるとおり、決定の木を作成する場合、複数の選択と各選択がもたらす事象・帰結を予想しなければなりません。そうすると、パワハラに限っていえば、パワハラ事案の知識・対応経験とその知識・対応経験に基づいた想像力が必要不可欠になってきます。たとえば、加害者を他の支店へ異動させるという手段を知らなければ、図2の「Y異動」の線（枝）自体が描けなかったでしょう。

　弁護士間交渉・訴訟になった場合の帰結については弁護士間交渉・訴訟経験豊富な弁護士でなければ正確な数値を推算するのは難しいかもしれませんが（本書で解説した事実認定と法的損害計算についてさらに理解を深めれば、少なくとも判決に至った場合の予想はある程度できるようになります。）、他のほとんどの部分についてはむしろ会社に属するパワハラ担当者の方が正確な数値を導くことができます。

　たとえば、法的損害以外にどのような損害が生じそうかについては実際にビジネスの現場にいる会社の役員・従業員の方が予想しやすいでしょうし、加害者のキャラクターを知っている分、異動や懲戒処分をした場合に当該加害者がどのような行動に出るかなども、加害者のキャラクターを知らない弁護士より正確な予想ができます。

　弁護士とパワハラ担当者が共同作業をすることで、より良い「決定の木」が描けるというわけです。

3　決定の木の活用法
　一度描いた決定の木は、ステージが変わったタイミングで書き直すこともできます。加害者に対して懲戒処分をするか否かの時点におい

ては加害者に訴えられた場合のリスク（期待値）を−100万円と見積もっていたとします。しかし、実際に懲戒処分をした後に加害者から損害賠償の請求があり、その交渉の際に新たな情報が出てきたとします。これを考慮した結果、訴訟になっても低い金額で和解できる可能性が高くなったという場合、訴訟のリスク（期待値）を−100万円から−80万円などと書き直すことができます（また、書き直すべきです。）。そして、その書き直した金額をベースに再度どのような選択をするのが最も合理的かを考えるのです。

　ただ、書き直す場合、後の検証のために上書きはしないようにしましょう。

　決定の木を描くのには、相当の労力を要しますので、選択ノードから延ばす枝（選択肢）は厳選すべきですし、確率ノードから延ばす枝（発生しうる事象）もあまり細かくしすぎない方が良いでしょう（実際、細かくしすぎても期待値はあまり変わりません。）。

　さじ加減が難しいですが、ともかく「慣れ」ることが大切です。

第3節　意思決定の評価額が同じくらいだったらどうする？（標準偏差ほか）

1　はじめに

　本章第2節で挙げた例では、「Y異動」が−200万円の評価、「放置」が−265.6万円の評価で、数値だけみれば「Y異動」を選択するのが合理的といえます。

　しかし、Yが退職した場合に想定される会社の逸失利益が500万円ではなく800万円だったとしたらどうでしょうか。この場合、「Y異動」の評価額は、−800万円×0.25＋−100万円×0.75＝−275万円となり、「放置」の−265.6万円とあまり変わらなくなります。

　本節では、このように複数の選択肢の評価額があまり変わらない場合など「決定の木」のみでは判断し難い場合に役立つ判断要素である標準偏差を紹介した上で、最後に定性評価の在り方についてもお話しします。

2　標準偏差

　コインを投げて表なら1000万円をもらえ、裏なら800万円を支払わなければならなくなるAゲームと、コインを投げて表なら200万円をもらえ、裏ならお金をもらえないが支払わなくてもいいというBゲームがあったとしたら、あなたはどちらのゲームをしたいと思いますか（なお、コインの表と裏は等しく50％の確率で出るとします。）。

　ほとんどの方が、後者のBゲームを選択するのではないでしょうか（かなりのお金持ちはAゲームを選択するかもしれません。）。

　Aゲームの期待値とBゲームの期待値を計算してみると、

　Aゲーム：$(1000 \times 0.5) + (-800 \times 0.5) = 100$

Bゲーム：$(200 \times 0.5) + (0 \times 0.5) = 100$

となり、いずれのゲームも期待値は同じです（単位の万円は省略しています。）。

　それでも、我々がBゲームを選択するのは、Aゲームは数値の「バラつき」が大きいからです。Aゲームは確率に得喪が大きく影響されすぎて敬遠されるというわけです。

　このような、数値のバラつきを表す指標の1つが標準偏差です。

　標準偏差は、以下の手順で求めることができます。

① 　データ全体の平均値（期待値）を算出します。
② 　各データの偏差（発生時の数値から期待値を引いた値＝発生時の数値から離れている程度）を求めます。
③ 　②で算出された偏差を2乗した値に確率をかけます。
④ 　③で算出された値を合計します（この値を「分散」といいます。）。
⑤ 　分散の平方根を求めます。この値が標準偏差になります。

　これに上のAゲームとBゲームを当てはめてみましょう（単位の万円は省略しています。）。

〈Aゲーム〉
① 　$(1000 \times 0.5) + (-800 \times 0.5) = 100$
② 　$1000 - 100 = 900$　　$-800 - 100 = -900$
③ 　$(900)^2 \times 0.5 = 405000$　　$(-900)^2 \times 0.5 = 405000$
④ 　$405000 + 405000 = 810000$
⑤ 　$\sqrt{810000} = 900$
〈Bゲーム〉

① $(200 \times 0.5) + (0 \times 0.5) = 100$

② $200 - 100 = 100$　　$0 - 100 = -100$

③ $(100)^2 \times 0.5 = 5000$　　$(-100)^2 \times 0.5 = 5000$

④ $5000 + 5000 = 10000$

⑤ $\sqrt{10000} = 100$

　となり、明らかにＡゲームの方がバラつきが大きいということになります（Ａゲームの方がハイリスクハイリターンと言い換えることもできるでしょう。）。

　ついでに、第２節の例でも計算してみましょう（同様に、単位の「万円」は省略しています。）。Ｙが退職した場合に発生する逸失利益は冒頭で示したとおり800万円とします。

〈「Ｙ異動」の標準偏差〉

① $(-800 \times 0.25) + (-100 \times 0.75) = -275$

② $-800 - 275 = -1075$　　$-100 - (-275) = 175$

③ $(-1075)^2 \times 0.25 ≒ 288906$　　$(175)^2 \times 0.75 ≒ 22969$

④ $288906 + 22969 = 311875$

⑤ $\sqrt{311875} ≒ 558$

〈「放置」の標準偏差〉

① $(0 \times 0.2) + (-332 \times 0.8) = -265.6$

② $0 - 265.6 = -265.6$　　$-332 - (-265.6) = -66.4$

③ $(-265.6)^2 \times 0.2 ≒ 14109$　　$(-66.4)^2 \times 0.8 ≒ 3527$

④ $14109 + 3527 = 17636$

⑤ $\sqrt{17636} ≒ 133$

　「Ｙ異動」の方が「放置」に比べて数値が高いので、安定性の観点からは放置の方に軍配が上がりそうです。

　非法律的損害も考慮するとまた結果は変わるかと思いますが、このように標準偏差は判断における1つの考慮要素になり得ます。

3　定量評価と定性評価の在り方

　いよいよ理論解説はこの節で終わります。最終章となる次章は、第1章第1節に記載した本事案の問にここまで解説してきた知識を適用して回答する章となります。

　ところで、上記の例では標準偏差まで考慮すると放置する方が合理的、という結論になってしまいました。しかし、パワハラ対応力を向上しようと本書を手に取っていただいた読者の皆様にとってこの結論は受け入れがたいものでしょう。

　受け入れがたい理由は大きく2つ考えられます。

　1つは、あまりに近視眼的な点です。上記の例では、目の前にあるXYの紛争しか視ておらず、パワハラを放置することで生じる従業員全体のモチベーションの低下、パワハラが繰り返されることで生じる対応コスト、パワハラを理由とする退職が生じることで増大する採用コスト・教育コストなど将来発生しうる損害が考慮されていないのです。これは、定量評価の在り方の問題で、右の各リスク・コストを数値化することでクリアできます（勿論、技術的な難しさはありますが・・・）。

　もう1つは、やはり「数字だけが全てではない。」ということです。たとえば、「損害が云々ではなく、パワハラから従業員の心身の健康を守るのは当然のことだ。」という価値判断を数字に優先させることは当然あって良いわけです。

　客観性を突き詰めて全て定量化しようとすると、たとえば上記の「損害が云々ではなく、パワハラから従業員の心身の健康を守るのは当然のことだ。」という価値判断すらも係数化して、パワハラ不対応により発生が予想される損害には係数5を乗じて評価するといったこ

ともできるわけですが、それが果たして妥当なのか疑問でしょう。

　基本的には、定性評価のみがよいわけではなく、定量評価のみが良いわけでもありません。定性評価で出た結論の妥当性を検証するために定量評価を用いてもよいですし、定量評価で出た結論を感覚的・感情的な納得が得られるよう修正するために定性評価を加えてもよいと思います。パワハラ事案でいえば、会社の価値判断（理念等明文化されているものがあればそれによるのが通常でしょう。）に基づき「パワハラは断固として許されない」という定性評価に基づき加害者の降格及び異動を決定し、その判断に客観的妥当性をもたせるために決定の木を作成するといった具合です。逆に、上記事例のように定量評価を先行させた結果として「放置」の方がよいとの結論に至った場合に「パワハラは断固として許されない」という定性評価による修正を行って加害者の降格及び異動を決定してもよいのです。

　定量化の趣旨が①適正な意思決定を導くこと、②事後的な検証を可能とすること、③他者に対して意思決定の妥当性を客観的に説明することにあるとするならば、全く定量化の検討を行わないのは問題ですが、定性評価を定量評価に優先させることは定量化の趣旨に反するものではありません（なお、本節末の〈コラム　価値判断の重さ〉参照）。繰り返しになりますが、問題なのは、重要な意思決定において定性評価だけで決定を行い、「学び」を得ないことなのです。

　本書で解説した決定の木や標準偏差といった定量化手法により得られた結果は、最終的な意思決定を下すための「１つの考慮要素」に過ぎません。定性評価と定量評価は相互補完の関係にあるということを押さえた上で、適時適切に上記定量化技法を使用していただければと思います。

〈コラム　価値判断の重さ〉

　ある会社が非法律的損害も考慮して、加害者の懲戒解雇という決定と放置という決定の評価額を比較して、放置という決定の評価額が１億円も優れていたとします。このような場合において、「パワハラは断固として許さない」という価値判断に基づき加害者の懲戒解雇を選択したとすれば、その価値判断は「少なくとも１億円の損害発生程度では揺るがない（揺るがせない）。」ものと評することができます。

　このように、定量評価に定性評価を優先させた場合、会社が理念等で掲げている価値判断が実際にどの程度の「重み」をもっているのかを評価することができます。

　そして、明らかになったある価値判断の「重み」は、その後の事件処理においても指針となってくれることでしょう（法律家でいうところの最高裁判例のようなものになるでしょう。）。

　本来、経営理念等の会社が最高価値基準として掲げたもの（また当該価値基準に基づき具体化された行動憲章など）は、いかなる担当者、いかなる状況においても一貫して適用されなければならないものですから、具体的事案を通して掲げた価値基準の「重み」が明らかになることは有益なことといえます。

　このように、会社の持つ価値基準の重みを明らかにするというのも定量化判断の１つの機能といえるでしょう。

第4章

ケーススタディの解説

第1節　本事案問1の解説（聴くべきこと話すべきこと）

1　被害者からヒアリングするべきこと、被害者に伝えるべきこと

本問に回答するために必要な知識は、第2章第4節（80頁）の「相談を受けた後のゴールデンルール（初動対応）」、第2章第5節（96頁）の「裁判ではこうして事実が認定されている（事実認定）」です。

それでは早速検討を進めましょう。

(1)　何をヒアリングすべきか

まず、Xからヒアリングすべき事項ですが、事実認定に関する知識を踏まえてXから来たメールを見てみましょう。

本件においてパワハラの事実が認められるかどうかは、被害者であるXの被害供述が信用できるかにより決まります。ここで、供述証拠の信用性はどのような要素が考慮されて判断されるのかを思い出してください。

復習になりますが、供述の証拠の信用性は、①客観的証拠及び争いのない事実との整合性、②他の供述との整合性、③供述内容自体の合理性（自然性）、④供述の具体性・迫真性、⑤供述の一貫性、⑥虚偽供述の動機の有無・程度、⑦知覚の状況、等を総合考慮して判断され

ています。

　これらの観点からXからのメールを検討し、不足する情報を炙り出し、面談時にヒアリングしていくことになります。

　最も重視されるのは①客観的証拠及び争いのない事実との整合性なので、この観点を中心に検討していきます。

　Xからのメールを見る限り、特に「こういう証拠があります。」とか「○○さんも見ていました。」といった記載はありません。そこで、「Y2から受けたパワハラをメールやアプリで誰かに相談していなかったか？」「Y2の行為を目撃していた人はいないか？」など証拠の有無を確認します（日記など客観性の低い証拠の有無も一応確認しておきます。）。目撃者の有無は、②の「他の供述との整合性」の観点からも確認しなければなりません。

　また、「うつ病と診断された」ということから、病院の診断書や診療録などの証拠があることが分かりますので、病院の名前や病院への照会に同意してもらえるかなども確認します。

　この時点では「争いのない事実」が何かは分からないのですが、だからといって被害者からのヒアリング時に「争いのない事実」という考え方を意識しなくてよいかというとそういうわけではありません。

　「争いのない事実」が多いほど事実認定はやりやすくなりますので、被害者からは、Y2の行為があったときの具体的状況や行為の前後のやりとりなどをなるべく詳しくヒアリングします。多くの事実があればあるほど"認否"の対象となる事実も多くなり、争いのない事実も多くなります。

　Xのメールだけでは、「Xがパワハラだと思っているY2の行為」に焦点が当てられすぎていて、いつ、どこで、なぜ、といった要素が曖昧になっていますし、Y2の行動の前後にどのようなやりとりがあったのかも明らかになっていません。人の行為は必ずある"流れ"の中で生まれるものですから、問題行為の前後の状況や背景事情は詳

しくヒアリングしておかなければなりません。前後の状況や背景事情が"争いのない事実"として確定すれば、それらを間接事実や補助事実として評価して事実認定を行うことができるのです。

　本事案では、何時頃、どこであった話なのか、Ｙ２から頼まれた仕事は具体的にどのような仕事だったのか、Ｙ２からパワハラ言動を受ける前後で具体的にどのようなことがあったのか、などをヒアリングすることになります。実は、このように、５Ｗ１Ｈの観点から詳細に事実関係を確認することで③の「供述内容自体の合理性（自然性）」、④の「供述の具体性・迫真性」、⑦の「知覚の状況」などの観点からも検討が可能になります。

　⑥の「虚偽供述の動機の有無・程度」の観点からは、Ｙ２からなされたパワハラ以外の不快に感じた行為の有無や内容、Ｙ２との仕事外での関係の有無などを確認します（上司と部下が実は不倫の関係にあり、別れ話が原因となって部下が「上司からパワハラを受けていた。」などと会社に通告して復讐する・・・といったドラマみたいなこともあります。）。

　最後に、信頼関係を築くために必要な事実や交渉に役立つ事実も可能な限りでヒアリングします。前者には、相手の出身地、出身校、やっていた部活、所属したことがある部署、果ては好きな映画などあなたとの"共通項"となりうる事実が該当します。一方、性格、家族構成、生活状況、転職予定の有無などの事実が後者に該当します。

(2)　伝えるべきこと

　第２章第４節で学習したとおり、①プライバシーは守ること、②相談したことにより不利益な取扱いを受けることはないこと、を伝えることは必須です。

　その上で、③自分が公平な立場にあること、④会社はパワハラを許さない立場であること、⑤相談終了後に調査を行って事実認定を行い、然るべき処分を行うという流れになること、⑥加害者に対して行

える処分はあくまで法律の許す範囲内にとどまるものであり、必ず希望に応えられるわけではないこと、⑦陳述書の意義、などを伝えます。

　　上記①ないし⑤は冒頭に伝えるのが望ましいですが、⑥及び⑦はヒアリングの最後に伝えてもよいでしょう。

第2節　本事案問2の解説（調査妨害への対応）

　本問に回答するために必要な知識は、第2章第7節（118頁）の「処分の公表等に関する注意点」です。

　本問では、加害者であるY2が、Xの同期で学生時代からの友人であるB（目撃証人）に何か働きかけを行おうとしている状況において、パワハラ担当者がどのような措置を採るべきかが問われています。

　Y2はBの直属ではないものの上司に当たるため、BもY2を無視することはできないでしょう。もし、Y2が自己に不利益な供述を会社にしないように強要すればBが真実を語ってくれなくなるかもしれません（Bの供述は供述証拠ですので、Y2の働きかけにより証拠が隠滅される危険性がある、ということになります。）。

　したがって、Y2のBに対する働きかけを防止しないといけないわけですが、Xから相談を受けたに過ぎない段階では、Y2がパワハラを行ったと事実認定するだけの証拠はありませんので、出勤停止等の懲戒処分を課すことはできません。

　このような場合に使う手段はもうお分かりですね。

　そう、「自宅待機命令」です。Xからのヒアリング結果から最終的に事実認定及び処分の決定を行うまでに要するであろうと推測される期間、自宅で仕事をするよう命令するのです。

　自宅待機命令は書面で交付するのが原則です。交付の際には、加害者との関係性を損なわないために、きちんと理由を説明しましょう。「理由を言うと証拠隠滅を行うのでは？」と思われるかもしれませんが、①証拠隠滅行為を行い、また行おうとすれば、それが加害者に不利な事実として認定されることから差し控えた方がよいこと、②調査において加害者の言い分を聴く手続はちゃんとあること、③調査の結

果、当然、パワハラと認定されない場合もあること、④自宅待機命令は制裁としての処分ではなく、賃金は支払われること、をしっかりと説明すれば証拠隠滅行為を有効に抑止できます。

　なお、万が一、加害者が出勤を強行しようとする姿勢を見せている場合には、会社の命令に反して会社管理の建物内に立ち入れば建造物侵入罪で告訴することも辞さない旨を伝え、強めに警告を与えることもあります。

　本事案においても、あなたは、Ｙ2に自宅待機命令書を交付し、パワハラ調査のために一定期間自宅での仕事を命じることの説明と、上記①ないし④の説明を行うことになります。

第３節　本事案問３の解説（事実認定例）

　本問に回答するために必要な知識は、第２章第５節（96頁）の「裁判ではこうして事実が認定されている（事実認定）」です。

　まず、認定の対象となる事実を確認しましょう。

　問われているのは「2021年１月29日のＹ２の⑤の行為があったと認定できるか」ですから、認定の対象となる事実は、Ｙ２の

2021年１月29日午前９時20分頃、<u>Ｘのデスクを両手で強く叩き、Ｘに対して『頼んでいた資料はできたんですか。できてないんでしょ。座っているだけで給料をもらえていいですね。あなたのような無能な人</u>にはもう何も頼みませんから。<u>よくそんなので会社に来られますね。</u>』と言った行為

です（**巻末資料４の３**「Ｘの陳述書」〈201頁〉をご確認ください。）。これが本問での主要事実になります。

　次に争いのない事実は何なのかを見ていきましょう。争いのない事実はそのまま事実として認定してよい、と考えるのでしたね。

　Ｙ２の言い分（**巻末資料４の４**「Ｙ２の陳述書」〈206頁〉をご確認ください。）を見ると、2021年１月29日の行為以外の行為については概ね認めているものの、机を叩いたことはないし、「座っているだけで給料がもらえていいですね。」「無能な人」「よくそんなので会社に来られますね。」などとは言っていないと主張しているので、上記下線部の部分だけが"争いのある事実"となります。逆に、Ｙ２が争っていない他の事実については争いのない事実としてあったものと認定

します。

　とりあえず、争いのない事実の中で間接事実になる事実を検討してみましょう。間接事実とは、主要事実の存在を推認させる事実のことでしたね。Ｙ２が認めているわけではないが、他の証拠（ＢやＣの供述やＸとＢのアプリのやりとりなど）から認定できる事実についてはまた後に検討します。

　間接事実を検討するにあたっては、①そもそも間接事実に該当するのか、と②その主要事実の存在を推認させる力（以下、「推認力」といいます。）はどの程度か、③当該間接事実から主要事実を推認する過程で適用されている経験則はどのようなものか、という３点から検討します。

　早速、①から検討してみます。どれを間接事実として捉えるかについて“これ”といった正解があるわけではありませんが、本事案における争いのない事実で間接事実に該当する事実を要約（詳細はＸの陳述書に記載のとおりです。）して整理すると、

　ア　Ｙ２はＸの直属の上司であること
　イ㋐　2020年２月21日、ＸがＹ２に対して依頼されたプレゼン資料の作成が間に合わなかったことを報告した際に、Ｂらがいたにもかかわらず、大声で「おまえは一体何だったら満足できるんだ。こんなの小学生でもできるぞ。」と言ったこと
　㋑　2020年６月10日、Ｙ２は、Ｙ２から依頼されていた取引先への資料送付を失念していたことをメールで謝罪したＸに対し、「あなたのような無能な人間はＹ１社に必要ない」「替えになる人はいくらでもいますよ」という内容のメールを送っていること
　㋒　2020年12月20日、Ｙ２は、ソフトウェア操作を尋ねてきたＸに対して、ＢとＣがいたにもかかわらず、「馬鹿」「頭を使わな

い仕事をした方がいい」などと言ったこと

ウ　2021年1月29日、Xは同年1月15日にY2から頼まれていた資料を完成できていなかったこと、Y2はXのデスクに来て「頼んでいた資料はできたんですか。できていないんでしょ。」「他の人に頼みます。」と言ったこと

エ　2020年7月4日、XはABCメンタルクリニックにおいてうつ病と診断されたこと、及び現在もうつ病に罹患していること

と、まとめることができます。

次に、上記各間接事実の推認力と経験則について検討します。

アは、「なぜ、これが間接事実になるの？」と思われる方もいらっしゃるかもしれませんが、通常、パワハラは立場の強い者から弱い者に対して行われますよね。ですから、Y2がXよりも強い立場である、という事実は間接事実になるのです。「無能な人」などの暴言は、通常、立場の強い者から弱い者に対して吐かれるものである、という経験則を適用して、かかる事実からY2はXに対して「無能な人」などと言ったのではないかと推認しているわけです。

ただ、お分かりのとおり、強い立場にある者全員が弱い立場にある者に対して「机を叩いて威圧する。」「無能な人」「よく会社に来られますね。」などの言動を行うわけではないので（むしろ少数でしょう。）、かかる事実を単独で見た場合の推認力は「極弱」といわざるを得ません。

次にイの事実を検討していきます。

イに属する事実は、すべて「過去、Xがミスをしたとき、Y2はXに対して暴言を吐いていた。」というものです。

時系列の観点から見ると、パワハラがあったとされる日時に近ければ近いほど推認力は高くなるといえます。人は短期間で簡単に変わらない、という経験則（逆にいえば、人は長い年月を経て変わることが

あるという経験則）を適用して、極端な例でいえば「昨日パワハラを
やっていた人物は今日パワハラをやっていても不思議ではない。」と
考えるわけです。

　上記イ(ア)は2020年2月21日にＹ2がＸに「小学生でもできる。」と
暴言を吐いたという事実ですが、ほぼ1年も前に暴言を吐いていた事
実から「今回も・・・」と決めつけるのはやや強引のように思えます
ので、推認力は「弱」と評価することにします。上記イ(イ)の事実も約
半年前の話なので、推認力は「弱」でしょう。

　これらの事実に対し、上記イ(ウ)の事実は1か月程度前の事実で、
2021年1月29日にも2020年12月20日に言っていた「馬鹿」に類似した
暴言である「無能」などの言葉を使ったであろうとある程度推測させ
るものといえますので、推認力は「中」とします。

　ここまでは時系列の観点からのみイの各事実を評価しましたが、次
はＹ2の使った言葉の内容に着目してみましょう。

　イ(イ)の事実で重要なのは、Ｙ2が「無能な人間」という主要事実に
なっている「無能な人」と同じ言葉を使っていること、「あなたの替
えになる人なんていくらでもいますよ。」という暗に退職を促すよう
な言葉を使っていること、です。イ(ウ)の事実も同様で、「馬鹿」とい
う「無能な人」に類するような暴言を使用していること、「頭を使わ
ない仕事をした方がよい。」と暗に退職を促す言葉を使用しているこ
とが重要です。そして、いずれの言葉もＹ2がＸのミスを認知したと
きに発せられているという点も重要な意味を持ちます。「人は過去に
あった状況と同じ状況に立った時、その過去に取った行動と同じよう
な行動をする」という経験則を適用して、「今回もＹ2は『無能』と
か『よく会社に来られますね』などと言ったのではないか」と推測す
ることができるわけです。

　さて、ここまでの検討で中には「もうＹ2は机を叩いたかどうかは
ともかくとして、Ｘに無能とか言ったのはほぼ間違いないと言ってよ

いのでは？」と思った方もいらっしゃるかもしれません。

　しかし、本当にここまでの事実だけで、Ｙ２が主張する反対可能性である「Ｘのデスクにいって『頼んでいた資料はできたんですか。できてないんでしょ。他の人にやってもらうからもういいです。』と言っただけ」というストーリーを「合理的に考えてあり得ない」と一蹴することができるでしょうか。2021年１月29日はたまたまＹ２の機嫌が良く、その日だけは過去のように暴言を吐かなかった可能性などはないといえるでしょうか。

　こう考えてみると、ほぼ黒と言ってもよさそうですが、黒というためにはもう少し事実が欲しいところですね。

　なお、エの事実については、「人は酷いことを言われ続けるとうつ病になる」という経験則を適用して、「Ｙ２はＸに『無能』などの暴言を浴びせていたはずだ」と推測するものですが、Ｘに接する人物はＹ２だけではありませんし、仕事は日常生活の一部に過ぎませんから、うつ病に罹患→Ｙ２が酷いことを言っていたとしか考えられない、と推測するのは飛躍しすぎです。したがって、エの事実の持つ推認力は「弱」と評価せざるを得ないでしょう。

　ここまでの検討で、争いのない事実だけでは決め手に欠ける、という状況になりました。そこで、争いのない事実以外の事実で認定できる間接事実を検討していきます。

　客観的証拠であるＸとＢのアプリでのやりとり（**巻末資料５**〈209頁〉）から、現にＸとＢとの間で**巻末資料５**記載のとおりメッセージのやりとりがあったと認定できます。**巻末資料５**の中で、2021年１月29日21：42のやりとりを見ると、同日の昼頃にＸはＢに対し、Ｙ２から受けたパワハラ行為を相談していたと推測されますので、Ｂの陳述書（**巻末資料４の１**〈195頁〉）を見てみましょう。ＸはＢに対して同日のランチの際に「今日もＹ２に怒鳴られた。頼まれた資料作りをしていなかった私が悪いんだけど。座っているだけで給料もらえていい

ですね、って。無能な人間には任せられることはない、って言われた。」と述べたと記載されています。

　XがあえてBに対し、ありもしなかった事実を述べて相談したとは考え難いので、この事実が認められれば主要事実の認定に一歩近づきます。推認力としては「中」程度でしょうか。

　ところで、このBの供述をそのまま信用して上記の事実を認定してしまってよいのでしょうか。というのも、BはXと大学時代からの友人で、プライベートでも親しくしています（Bの陳述書の1参照）。Xと共謀してY2を貶めようと嘘を言っている可能性はないでしょうか。再度復習になりますが、供述の証拠の信用性は①客観的証拠及び争いのない事実との整合性、②他の供述との整合性、③供述内容自体の合理性（自然性）、④供述の具体性・迫真性、⑤供述の一貫性、⑥虚偽供述の動機の有無・程度、⑦知覚の状況、等を総合考慮して判断されます。ここでいう⑥虚偽供述の動機があるのではないかということです。

　結論としては、BはXと長年の友人関係にあるため虚偽供述の動機がある可能性は否定できないものの、上記のような嘘をつくまでの強い動機があったとまでは認められないし、その他の点を考慮しても嘘を言っているとは考え難いことから信用してよいと考えます。

　理由ですが、まずY2がY1社からパワハラを理由に何らかの処分を受けてもそれによってBが直接的に何らかの利益を得るといった関係がありません。また、陳述書の内容を見ても**巻末資料5**を見ても「XがY2から机を叩かれたと言っていた」という肝心なところの記載がなく、Xと共謀していたとすると不自然です。本当にXとBが共謀してY2を貶めようとしているなら、アプリの方でも明確にXの陳述書どおりのメッセージのやりとりをするでしょう（嘘の供述をしていると考えるのは客観的証拠に整合しない、という評価です。）。X、B、Y2と特別の関係がないCがBの述べるとおりX及びBがランチ

に行ったと述べており、ＣとＢの供述は整合していることもＢの供述が嘘ではないと認定する方向に働きます。

　以下では、Ｂの供述は信用でき、

　オ　2021年１月29日午後12時頃、Ｙ１社近くのパスタ店において、ＸはＢに対し「今日もＹ２に怒鳴られた。頼まれた資料作りをしていなかった私が悪いんだけど。座っているだけで給料もらえていいですね、って。無能な人間には任せられることはない、って言われた。」と述べていたこと

という事実も間接事実として認定できるということを前提として進めます。

　上述したアないしオの間接事実を前提とすると、Ｙ２側に立った場合に考えられる反対仮説は、「2021年１月29日、Ｙ２はその日に限って言動に注意しており、Ｘのデスクには行ったものの『頼んでいた資料はできたんですか。できてないんでしょ。他の人にやってもらうからもういいです。』と言っただけだったが、それを不快に思ったＸがＹ２を貶めようとＢとランチに行った際に『Ｙ２から無能とか座っているだけで給料をもらっていると言われた』と嘘の事実を述べた。」ということになります。

　さて、どうでしょうか。合理的な反対可能性というには少し無理があるのではないでしょうか。

　以上の検討から、問３の回答は「認定できる。」としてよいと考えます（勿論、これが唯一の「正解」というわけではありません。）。

　なお、本事案ではＸの主張する事実があったことを推認させる間接事実ばかりでしたが、実務では逆の事実、すなわち被害者の主張する事実がなかったことを推認させる間接事実も現れます。このような逆方向に働く事実についても認定・評価を怠らないようにしなければな

りません。

　ここで、するどい方は「ちょっと待って。Ｙ2がＸの机を叩いたという事実はどうやって認定したの？」と思われるでしょう。たしかに、2021年1月29日までにＹ2が物に当たったというような事実は出てきていませんし、Ｂ及びＣの供述でもＸがＹ2から机を叩かれたと言っていたという内容は出てきていません。

　つまり、「Ｘだけが言っているに過ぎない事実」なわけです。そうすると、Ｘの「Ｙ2から机を叩かれた」という供述が信用できるかという判断になりますね。

　結論としては、信用できると言ってよいかと思います。この部分だけ嘘を言っていると考えるのは不自然ですし、特にこの部分だけ信用性を否定するような事情もないからです。

　いかがだったでしょうか。このような事実認定の思考様式に慣れることが事実認定能力を向上させる第一歩です。

第4節　本事案問4の解説（リスクの定量化）

4　問4の検討

　本問に回答するために必要な知識は、第2章第3節（61頁）の「法律的な損害賠償の考え方とは（損害編）」、第3章（128頁）の「数値化と意思決定の技法」です。

　本問で問われているのは、「放置」という判断に含まれるリスクの定量化です。第3章で学習した「決定の木」の考え方に本事案を当てはめて検討していきましょう。

　まず、放置した場合に、どのような事象が発生しうるかを考えます。ここの想像力（想定力）が足りないとリスクを適切に評価することはできません。裁判例等に照らすと、パワハラを放置した場合に起こり得る事象は、①何も紛争は生じない、②被害者が退職し、パワハラにより退職を余儀なくされたとして損害賠償請求を行う、③被害者が自殺し、遺族が加害者及び会社に対して損害賠償請求を行う、ということが考えられます。

　本事案においては、放置した場合にＸが自殺する可能性については産業医からの「高い」との意見があり、訴訟になった場合の見通しについても顧問弁護士の意見がありますが、放置した場合にＸが①又は②の行動に出る可能性については明示的な情報が与えられていません。

　そこで、①及び②の事象が生じる可能性については本事案の事実関係に照らして自ら設定する必要があります。

　まず、自殺に至る可能性は「高い」との意見があるので、③の発生確率は低く見積もっても60％を下らないと設定します（なお、Ｘ自殺後、遺族が何も請求をしないという可能性も0％ではありませんが、限りなく低いと考えられるので0％として仮定します。）。そうすると

残りの40％をどのように割り振るのかということになります。

　リスク管理の観点からは、楽観的に①の可能性が高いと考えるのは妥当ではありません。ＸはＢや両親にＹ２のパワハラを相談しており、弁護士等の専門家に相談する可能性も高いことを考慮すると、①の発生確率は著しく低いものとして５％と設定し、②の発生確率35％と設定します。

　①の場合は０円ということで帰結ノードに至りますが、②及び③の場合は、さらに訴訟前和解という事象と訴訟に至るという事象が生じる可能性があります。訴訟になった場合の予想される帰結については顧問弁護士が述べているとおりですが、訴訟前和解の場合については記載がありませんので、自ら検討しなくてはなりません。

　とりあえず、ここまでの検討を決定の木にすると**図３**になります。

　図３では、第３章第２節の例と異なり、訴訟前の和解は一定の金額で100％和解ができるという想定ではなく、より現実的に確率ノードにしています。

　図３の※１の計算は以下のとおりです。

　$((-275-22（弁護士着手金）-0（弁護士報酬金））×10\%)+((-150-22-(125×16\%))×75\%)+((0-22-(275×16\%))×15\%)=-29.7+(-144)+(-9.9)=-183.6$

同じく、図３の※２の計算は以下のとおりです。

　$((-9212-345-0)×25\%)+((-6700-345-(2512×6\%+138))×60\%)+(((0-345-(9212×6\%+138))×15\%)=-2389.25+(-4400.232)+(-155.358)=-6944.84$

弁護士費用が計算に入ってきているのでやや複雑になっています。

　それでは、計算未了になっている訴訟前交渉での和解の可能性と金額（図３の「？」の部分）について検討していきます。

　まずは、第２章第３節の知識を用いてＸに生じる損害（Ｘが請求してくるであろう金額）を推計します。

図3

単位：万円

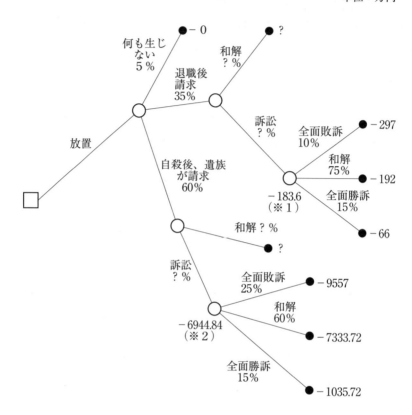

　事象②が生じた場合ですが、大きな損害項目は慰謝料と逸失利益なのでこれらについて推計してみます。

　慰謝料は、裁判例に照らすと80万円〜150万円程度と予想されますが、Xがうつ病に罹患しており結果は軽くない一方で、Y２がXに対して直接段るなど暴行を加えたことはないことや、一応Y２の暴言はXの仕事上のミスを契機してなされたものであること（全く理由のない暴言ではないこと）などを考慮して100万円と仮定します。

　逸失利益については、裁判例に照らし、給与６か月程度を見込むこ

とにします。Xの給与は本事案で月平均25万円なので、25万円×6か月＝150万円となります。

　以上より、慰謝料100万円＋逸失利益150万円＝250万円が想定損害額となります。

　なお、弁護士費用については判決において裁判所が損害として認定した額の10％が認められることが多いので、想定される弁護士費用額は上記合計額である250万×10％＝25万円となります。弁護士費用を含めて計算すると損害総額は275万円となりますが、通常、和解する場合には弁護士費用は損害額に含めないので、想定金額は275万円ではなく250万円とします。また、遅延損害金についても和解による場合は損害に含めないのが通例なので、遅延損害金についてもここでは無視します。

　次に、事象③が発生した場合についても同様に計算します。

　大きな損害項目としては、死亡慰謝料と逸失利益が考えられます。

　死亡慰謝料については2000万円から2500万円が予想されますが、ここでは事象③の事態としての重大性に鑑み2500万円と高めの想定をしておきます。

　逸失利益については、Xの前年年収350万円×（1 −0.3）×23.9819 ＝5875万5655円≒5875万円と想定されます。生活費控除率はXが独身女性であることから0.3と仮定しています。また、Xの年齢は24歳なので就労可能年数は67歳−24歳＝43年となり、**巻末資料7**（212頁）によれば43年のライプニッツ係数は23.9819になります。

　以上より、慰謝料2500万円＋逸失利益5875万円＝8375万円が想定損害額となります。

　ちなみに、弁護士費用は8375万円×10％＝837万5000円≒837万となり、これも加えると損害総額は8375万円＋837万＝9212万円になります。しかし、上述のとおり、和解では弁護士費用を含みませんので、ここでは8375万円を想定額にします。

　上述した弁護士費用を含めた額は、顧問弁護士が見立てで述べてい
た金額です。顧問弁護士はこのような計算をしていたのですね。

　弁護士同士が交渉して和解をする場合、通常、100％相手の要求を
呑んで和解することはありません。お金をもらって依頼を受けている
被請求側の弁護士からすれば100％の要求を呑むわけにはいきません
し、請求側からしても「訴訟になれば100％自分たちの主張どおりの
判決がもらえる！」と確信できるようなことはほぼないからです。

　決定の木の考え方に従えば、訴訟になった場合の期待値は上述のと
おりで、被害者が退職後の賠償金を請求するにとどまった場合（以
下、「ケースＡ」といいます。）が－183.6万円、被害者死亡して遺族
が損害賠償請求をしてきた場合（以下、「ケースＢ」といいます。）が
－6944.84万円ですから、被請求側からするとこれらの金額以下でな
ければ妥結しないという選択をするのが合理的ということになります
（ケースＡでいえば、訴訟で闘った場合の期待値が－183.6万円なので、
請求者側から200万円を支払うという内容での和解提案があっても訴
訟の期待値を上回らないため（－200万円＜－183.6万円）応じないと
いうことになります。）。

　そうすると、被請求者側が和解する場合の下限は、－183.6万円な
いしは－6944.84万円と設定することができます。訴訟の期待値と同
額では訴訟前和解のメリットが際立たないので、これらの金額の約
90％である165万円と6250万円での和解成立の可能性を検討すること
にします。

　では、これらの金額で和解が成立する可能性はどの程度あるので
しょうか。

　和解が成立するかどうかは当事者のキャラクター・信頼関係、弁護
士のキャラクター・能力などによって左右されるので、具体的に請求
すら来ていない段階で「○○％の確率で○○万円支払うという内容で
の示談が成立する。」と推測することは困難ですが、調査により判明

した事実関係からある程度の予想をすることはできます。

　本事案について見ると、Xは2020年9月頃から病院に通院せず、自らの判断で薬の服用を止めています（Xの陳述書（**巻末資料4の3**〈201頁〉）参照）。これは、自己保健義務に反するものとして過失相殺の原因となりえます。この場合の過失割合として予想されるのは2〜3割程度ですが、8割といった過失割合を認めている裁判例もあるので、請求側としては過失相殺が訴訟において大きな懸念材料となり、ここに訴訟前交渉における和解の余地が生まれます。

　ケースBについて考えてみると、判決で3割の過失相殺が認められた場合、賠償額は8375万円×（1−0.3）＝5862.5万円≒5862万円、5862万円＋586万（弁護士費用）＝6448万円となります。請求側が「3割程度の過失相殺がなされる可能性は十分にありうる。」と考えるのであれば、①判決予想額と大きな差はないこと、②3割以上の過失相殺がなされるリスクも低いながらあること、などを考慮して6250万円程度で訴訟前に和解できる可能性は相当程度あるといえます。

　本事案では、このように被害者側であるX側が3割程度の過失相殺を見込む可能性が相当程度あると考えて、「6250万円を支払うということで訴訟前に和解できる可能性が60％ある。」と設定することにします。逆に、訴訟に移行する確率は40％ということになります。

　他方、ケースAについてはどうでしょうか。

　同様に判決で3割の過失相殺がなされた場合について計算してみると、想定賠償額は250万円×（1−0.3）＝175万円、175万円＋17万円（弁護士費用）＝192万円となり、被請求側の提示額165万円との差は27万円です。

　Xの給与にして1か月分程度の差なので、請求者側が呑む可能性は相当程度あるようにも思えます。しかし、死亡事案と比べて、パワハラを理由とする離職ではあまり過失相殺が認められない傾向にありますから、「請求側が判決に至った場合に3割程度の過失相殺がなされ

ることを懸念する。」という前提が死亡事案の場合と比べて強固では
ありません。

　したがって、このような和解が成立する可能性は低いというべきで
あり、ここでは「165万円を支払うということで訴訟前に和解できる
可能性が25％ある。」と設定することにします。逆に、訴訟に至る確
率は75％になります。

　勿論、上記で検討した6250万円や165万円以下で訴訟前和解が成立
可能性も０ではなく、他の終結に至る可能性はいくつか考えられるで
しょう。しかし、それらの全ての可能性を検討することは本事案程度
の事実関係・証拠関係では難しいですし、決定の木が複雑になり過ぎ
ますから、訴訟前和解の帰結ノードの検討はこの程度にとどめておき
ます。

　以上の検討によって導き出された数値を図３の「？」部分に代入す
ると**図４**になります。ここまでくれば「放置する」という判断の評価
額は計算できますね。

　図４に記入しているとおり、放置という判断の評価額は、－3979万
円になります。

図4

単位：万円

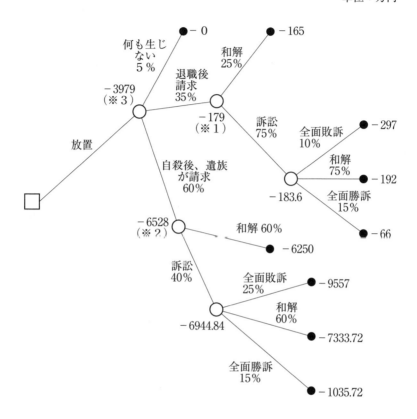

※1　$(-165 \times 0.25) + (-183.6 \times 0.75) = -178.95 ≒ -179$
※2　$(-6944.84 \times 0.4) + (-6250 \times 0.6) = -6527.936 ≒ -6528$
※3　$(-0 \times 0.05) + (-179 \times 0.35) + (-6528 \times 0.6) = -3979.45 ≒ -3979$

第5節　本事案問5の解説（決定の木に基づく判断）

　本問に回答するために必要な知識は、第2章第4節（80頁）の「相談を受けた後のゴールデンルール（初動対応）」、第2章第7節（118頁）の「処分の公表等に関する注意点」、及び第3章（128頁）「数値化と意思決定の技法」です。

　問4で、「放置する」という選択の評価額は－3979万円と算出されました。

　これに対し、本問では、Y2に然るべき措置を講じる場合の評価額を算出し、「放置する」という選択と比べて最終的な意思決定を導きます。

　それでは、さっそくY2に対する然るべき措置について検討していきましょう。

　加害者に対する措置を検討する際は、①懲戒処分だけではなく、②被害者との接触を回避する措置も検討します。

　まず、Y2に対する懲戒処分について検討していきましょう。Y1社の就業規則（**巻末資料2**〈188頁〉）第27条、第75条及び第76条によれば、パワハラは懲戒事由に該当し懲戒処分の対象となります。そうすると、第75条に定める懲戒処分のうちどの処分を課すのが相当かということになりますが、特にY2が今までパワハラで懲戒処分を受けたことがあるといった事実はありませんし、暴行など犯罪に該当するような行為があったわけでもありませんので、諭旨解雇や懲戒解雇は行き過ぎで相当性を欠くといえます（第2章第7節〈118頁〉参照）。XはY2を退職させて欲しいと述べていますが、解雇を適法に行うことはできません。

　そうすると、第75条1号（けん責）から第5号（降格）のいずれか

から処分を選ぶということになりますが、後述のとおりＹ２は神奈川支店に異動させることになり、それによってＹ２はある程度の不利益を受けますから、懲戒処分自体は１号のけん責で足りると考えます。勿論、Ｙ１社の経営理念・行動憲章（**巻末資料１**〈187頁〉）を考慮してもう少し重い処分を課しても不正解ではありません。

　次に、被害者であるＸとの関係でＹ２の異動についても検討します。パワハラがあっても加害者と被害者の関係性があまり悪化していない場合や加害者と被害者の接触を継続させても被害者が精神疾患に罹患するなどの重大な結果を生じるおそれがないのであれば、必ずしも加害者を異動させなければならないわけではありません。しかし、本件では既にＸがうつ病に罹患しており、希死念慮も見られるようなので、ＸとＹ２の接触は回避した方がよいといえるでしょう。

　Ｙ２の異動先としては神奈川支店が考えられます。Ｙ２の通勤時間は30分ほど伸びますが、「通常甘受すべき程度を著しく超える不利益を負わせるもの」とはいえないので（第２章第７節参照）、配転命令が違法となることはないといえるでしょう。

　以上の検討の結果、Ｙ２に対しては、懲戒処分としてけん責を行い、東京本社から神奈川支店への配転命令を行う（以下、「本件処分」といいます。）、ということにします。

　では、次に本件処分の選択の評価額を算定してみましょう。

　本件処分によりまず発生することが考えられる事象は、Ｙ２がＹ１社に反発して離職することです。そこで、まずこの事象について考えてみましょう（以下、「事象Ａ」といいます。）。

　Ｙ２が所属する洋菓子営業部の部長によれば、Ｙ２はＹ１社のことを気に行っているようですし、お子さんも来年から私立の高校に上がる予定ということで、Ｙ１社を退職する可能性は15％程度と低く見積もることができるようです。

　難しいのはＹ２が退職した場合に帰結ノードの値、つまりＹ２の離

職によりＹ１社に発生する損害額です。Ｙ２の売上は年4000万円で粗利にすると2800万円で、Ｙ２の年収は1200万円ですから、本事案から読み取れる数値のみを前提としてＹ１社に生じる年損害額を計算すると2800万円−1200万円＝1600万円となります。ただ、Ｙ２が退職した後、当然、Ｙ２が担当していた取引先は別の従業員が担当することになりますし、Ｙ２が担当していたエリアも他の従業員が担当しますから、年1600万円の損害が永続的に発生すると考えることはできません。Ｙ２退職により減少する売上が回復するまでに要する見込期間を乗じた金額が推計損害額となるのです。

　そこで、売上回復までの推計期間をどのように設定すればよいのかについて検討します。

　個別の事情に照らして「○年あればＹ２担当エリアでの売上を4000万円まで回復させることができる。」という推計が出来ればそれがベストですが、そのような回復までの期間を設定することが難しい場合には、裁判所が逸失利益の発生継続期間を２年程度と見積もることが多いことを考慮して（第２章第３節の〈一歩前へ　将来に関連する損害についての考え方〉〈73頁〉を参照）、２年程度を設定するのがよいかと思われます。本事案における事実関係を見ても具体的に○年と設定することは難しいので、２年と設定します（ライプニッツ係数は1.913です（**巻末資料７**〈212頁〉））。

　そうすると、事象Ａの帰結ノードの値は、−1600万円×1.913＝−3060.8万円と推計することができます。

　次にＹ２が離職しなかった場合に生じうる事象については、洋菓子営業部部長から特に何の影響も生じないという事象（以下、「事象Ｂ」といいます。）と、１年間に限り粗利20％の減少が生じるという事象（以下、「事象Ｃ」といいます。）が示されており、前者の事象が生じる可能性が50％、後者の可能性が35％（100％−15％−50％＝35％）とのことです。

　以上の検討の結果を、決定の木にして図4に書き足すと**図5**のとおりとなります。

図5

単位：万円

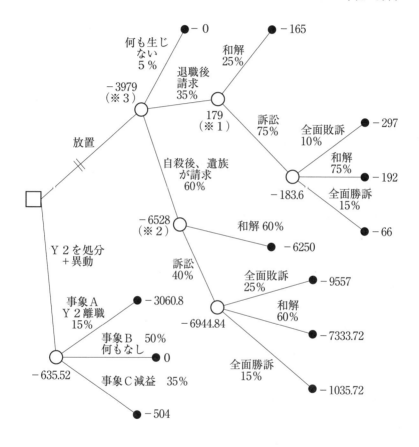

※1　$(-165 \times 0.25) + (-183.6 \times 0.75) = -178.95 \fallingdotseq -179$

※2　$(-6944.84 \times 0.4) + (6250 \times 0.6) = -6527.936 \fallingdotseq -6528$

※3　$(-0 \times 0.05) + (-179 \times 0.35) + (-6528 \times 0.6) = -3979.45 \fallingdotseq -3979$

事象A：$-3060.8 \times 0.15 = -459.12$

事象B：$0 \times 0.5 = 0$

事象C：$((-2800×0.2)＋((2800×0.2)×0.1))×0.35$

　　　　$=-504×0.35=-176.4$

※　粗利20％減少に伴い歩合給である10％分も減少するので、粗利2800万円×20％＝560万円が推計損害額になるのではなく、これから歩合給分である56万円（560万円×10％＝56万円）を控除した504万円が年推計損害額になります。

　Y2処分の期待値：$-459.12＋0＋(-176.4)＝-635.52$

　図5の結果を見れば明らかなとおり、放置という判断の評価額－3884万円＜Y2をけん責した上で神奈川支店へ異動させるという判断の評価額－635.52となりますから、Y1社としては、Y2のパワハラを放置せず、Y2に対してけん責の懲戒処分をなし、神奈川支店に異動させるのが合理的ということになります。

　Y2に対する処分については公表することになりますが、Y2の個人名は表示せず、

「東京本社において、上席である従業員が部下に対して他の従業員の前で『こんなの小学生でも出来る』『無能な人間』『馬鹿』などと述べ、机を叩いて『座っているだけで給料をもらっている』『無能な人間には何も頼まない』などと述べた行為が認められました。かかる行為は就業規則第27条第1項1号に定めるパワーハラスメントに該当しますので、就業規則第76条24号及び第75条に基づきけん責処分としました。当社従業員においては、このような言動を行うことがないようくれぐれも注意してください。」

といった程度の記載にとどめます。

　ところで、決定の木を活用すると、「Ｙ２離職の可能性がどの程度あればＹ２への処分を差し控えるべきといえるか。」といった計算もできます。

　単純に方程式を利用するだけの話なのですが、Ｙ２が離職する可能性（事象Ａの発生確率）をｘとして事象Ｃの発生確率を（１－0.5－ｘ）とすると、

$$-3060.8\,x + 0 + （-504（1 - 0.5 - x）） = -3979$$

の式で求められるｘの値が「放置」の判断と等価になる場合の値になりますから、その値以上の発生確率が見込まれる場合には「放置」を選択する方が合理的ということになるのです（あくまで、決定の木という考え方に従えば、ということです。）。勿論、ｘの値は $0 <= x <= 1$ になります。

　上の式を解くと、ｘは約1.4577となります。確率として１を超えることはあり得ないのでこれはつまり１であり、パーセント表示にすると100％です。これはどういうことかというと、Ｙ２への処分によりＹ２が100％離職すると見込まれる場合であっても、放置するよりは"マシ"な結果になるということです（本事案では、Ｙ２離職の場合の想定損害額が3060.8万円で放置選択の評価額が－3979万円なので計算するまでもないことですが・・・）。

　この例ではＹ２離職の発生確率をｘとしていますが、Ｙ２離職時の想定損害額をｘとして計算することもできますし、逆に「放置」を選択した場合の各事象の発生確率や想定損害額をｘとして計算することもできます。

　たとえば、Ｙ２のパワハラを放置した場合におけるＸの死亡確率をｘとし、退職後に損害賠償請求がなされる確率を（１－0.05－ｘ）とすれば、

$$0 + 179 (1 - 0.05 - x) + (-6528 x) = -635.52$$

の式で選択の分岐点となる確率を求めることができます。この式によれば、x は約0.1201になり、パーセントにすると約12.01％になります。これはつまり、期待値だけ見れば、放置により X が死亡する確率が12.01％以上あるのであれば放置を選択せず、Ｙ２に処分を行うのが合理的ということを意味するのです。

　なお、以上の計算は、顧問弁護士が訴訟になった場合の見通しを細かく示してくれているからこそ可能となっています。顧問弁護士が提供する訴訟の見通しのような「情報」の価値も、決定の木を応用して算出することができますので、興味のある方は、次節末尾の〈一歩前へ　情報の価値〉をご覧ください。

　以上が第１章第１節の本事案における問の回答になります。

　読者の皆様の中には、「本事案だと被害者死亡リスクが高いため定量評価で『放置しない方が良い。』という結論になっているが、被害者死亡リスクがほとんどない場合には『放置した方が良い。』という結論になるのでは？」と思われた方もいらっしゃるでしょう（勿論、上記の例で「死亡確率が10％で12.3％以下だから」という理由で放置を選択するのは倫理的にも問題があります。イギリスの安全衛生庁（HSE）が従業員の死亡リスクについて年1000マイクロモート（１マイクロモート＝100万分の１なので0.1％）を上回る職業リスクは受容困難としていることを踏まえると、少なくとも0.1％以上死亡リスクがあると認められる場合には、何らかの措置は講じなければならないといえるでしょう。）。

　それはそのとおりで、我が国では米国のように裁判で莫大な賠償を命じられることは少ないため、法的賠償額だけ見れば「放置した方が良いのでは？」と思えてしまう面があります（中小企業の場合、賠償

だけで倒産する場合もあり得ますが・・・。）。

　しかし、**巻末資料8**（213頁）の「厚生労働省告示第五号」が指摘しているとおり、パワハラによってもたらされるリスクは法的賠償だけではなく、「労働者の意欲の低下などによる職場環境の悪化」「職場全体の生産性の低下」「労働者の健康状態の悪化」「休職や退職」などの経営的損失も生じます。これらのリスクも計算に入れなければなりません（Y1社のような「人」を第一としている会社であれば尚更です。）。

　次節の応用事例では、法的賠償以外のリスクについても考慮した検討をしていますので、さらに学習されたい方は参考にしていただければと思います。

第6節　非法律的損害と定性評価を踏まえた検討

　本節までは、法律的損害に限定した定量評価のみに基づいて意思決定をする場合について説明を行いましたが、本節では、さらに非法律的損害について定量化を試み、さらに定性評価も加味して意思決定を行う事例について検討してみます。

　事案は第1章第1節の本事案をベースにしますが、法的損害にかかる評価額を低めに設定するため、以下の点を修正します。

〈修正点1〉

　放置を選択した場合のXの死亡確率を0％に、何も生じない確率を80％、退職後に慰謝料等を請求してくる確率を20％とします。

　前掲図5（173頁）の「放置」の枝先部分について「5％→80％」「35％→20％」「60％→0％」に修正すると、放置の選択の評価額（単位：万円。以下、同じ。）は、

$$(0 \times 0.8) + (-179 \times 0.2) + (-6528 \times 0) = -35.8$$

　となり、数値だけ見れば－35.8＞－635.52なので放置を選択した方がよいという結論になってしまいます。

　「高い売上を出す従業員が他の従業員を死に追い詰めるほどのものではない程度のパワハラをしており、実際、彼の部下となった者の半数近くが退職している。」くらいの事案では、近視眼的な数値予想だけで判断してしまうとこのような結論になりかねません。実際、パワハラを放置している会社はこのような考え方に陥ってしまっているのかもしれません。

　しかし、パワハラを放置すれば毎年のように同じような事態（従業

員の退職及び損害賠償請求等）が発生しかねませんし、厚生労働省告示第五号（**巻末資料8**〈213頁〉）が示すとおり、職場全体の生産性の低下などの法的損害賠償以外の損害も発生します。

　そこで、本節では、将来発生しうる法的賠償、及び法的賠償により発生する損害以外の損害（以下、「非法律的損害」といいます。）についても定量化を行い、それにより判断がどのように変わってくるのか見ていくことにします。

　Ｙ１社がＹ２のパワハラを放置し続けることで発生が予想される将来的な法的損害、及び非法律的損害を以下のとおり想定します。

〈想定損害〉

　Ｙ２のパワハラを放置した場合、以下の事象ＡないしＣが発生する可能性があるとします。なお、収入の減少又は支出の増加により支払税額の減少も生じえますが、ここでは簡素化して税額の変動については無視することにします。

1　事象Ａ

　Ｙ２が65歳で退職するまでの15年間、毎年、10％の確率で従業員1名が退職しＸと同様の請求をしてくるとします。かかる請求があった場合の評価額はＸと同様に－179とし、Ｙ１社には毎年$-179 \times 0.1 = -17.9$のキャッシュアウトフロー（以下、「COF」といいます。）が生じるものとみなします。

　Ｙ１社の割引率は1％とし（以下、同じ。）、上記COFを現在価値に換算すると、以下のとおり－248万円となります（第1章第3節〈一歩前へ　ファイナンス理論を応用した検討〉〈23頁〉を参照）。-17.9×13.8651（割引率1％の15年に対応するライプニッツ係数。小数点4以下四捨五入）$= -248.18529 ≒ -248$

2　事象Ｂ

　Ｙ２のパワハラにより従業員全体の士気が低下し、Ｙ１社全体とし

て労働生産性が減少するとします。労働生産性は多義的ですが、ここでは簡易的に右労働生産性の減少により売上高の0.01％が減少すると考えます（終期はＹ２が退職する15年後まで。減少額の現在価値合計は下記表のとおり。）。

単位：億円

年	1	2	3	4	5
売上予想	200	204	208	212	216
減少額	0.02	0.0204	0.0208	0.0212	0.0216
割引係数	0.9901	0.9803	0.9706	0.9610	0.9515
現在価値	0.0198	0.0200	0.0202	0.0204	0.0206
年	6	7	8	9	10
売上予想	221	225	230	234	239
減少額	0.0221	0.0225	0.0230	0.0234	0.0239
割引係数	0.9420	0.9327	0.9235	0.9143	0.9053
現在価値	0.0208	0.0210	0.0212	0.0214	0.0216
年	11	12	13	14	15
売上予想	244	249	254	259	264
減少額	0.0244	0.0249	0.0254	0.0259	0.0264
割引係数	0.8963	0.8874	0.8787	0.8700	0.8613
現在価値	0.0219	0.0221	0.0223	0.0225	0.0228
				合計	0.3186

3　事象C

　Ｙ１社の従業員採用コストは１名当たり300万円ですが、パワハラ放置によりＹ１社の「働きやすいやりがいのある会社」というイメージが損なわれ、同コストが330万円に上昇するとします（終期はＹ２退職する15年後まで）。

　この場合、毎年、30万円の増分COFを生じることになり、15年先

までの増分COF合計を現在価値に換算すると、以下の式により－416万円になります。

　－30×13.8651（割引率１％の15年に対応するライプニッツ係数。
小数点４以下四捨五入）＝－415.953≒－416

　これらの事象Ａないし事象ＣがＹ２のパワハラ放置により100％発生するとした場合の評価額は、

　（－248×１）＋（（－3186）×１）＋（（－416）×１）＝－3850

となり、明らかにＹ２を懲戒処分に付して異動させた場合の評価額である－635.52よりも大きくマイナスとなります。

　単純に事象Ａないし事象Ｃの発生確率を同一と考えると、放置を選択した場合の評価額とＹ２懲戒処分及び異動を選択した場合の評価額が同額となる発生確率（ｘ）は、以下の式により16.51％になります。

　－3850ｘ＝－635.52　　　　ｘ≒16.51％

　こうして検証してみると分かるとおり、非法律的損害の額及び発生確率を低く見積もっても、「放置」選択の方が合理的という結論になることはほとんどあり得ません。

　上記例は中小企業とはいってもある程度の規模がある会社でしたが、従業員20名以下の小規模な企業の場合について検討してみると、法的賠償自体で資金繰りに致命的影響が生じる可能性がありますし、人数が少ない分、離職者１人当たりの売上に与える影響も大きくなります（上記例の事象Ｂでいうところの売上減少率がＹ１社のような中規模会社よりも大きくなるでしょう。）。また、一般的には規模の小さい企業ほど採用力も低いため、人員不足を解消できないために生じる機会損失も生じやすいといえるでしょう。

　以上、定量評価のみでも中長期的に見たときにパワハラを放置することに経済的合理性はないといえますが、ここではさらに定性評価の

観点から検討を加えてみます。

　定性評価は定量評価によっては評価できない（又は評価し難い）事項について評価を可能とします。

　決定の木による定量評価で評価できていない第一の点は、やはり「倫理」でしょう。被害者死亡の可能性が一定以上ある場合には少なくとも「放置」という選択は採るべきではないでしょう。

　定量評価で評価できない第二の点は、Ｙ１社の経営理念・行動憲章（**巻末資料1**〈187頁〉）のような「会社の在り方」です。会社の理念等に反する選択を行ったとしても、必ずしも損害を生じ、また経営計画に多大な悪影響を生じるわけではありません。しかし、長い目で見たとき、なし崩し的に理念がないがしろにされることにつながり、そのことが根本的な競争優位性を失うことにつながることもあるでしょう（Ｙ１社のように人的資源が会社の強みになっている場合には尚更です。）。

　ＡとＢの選択肢があり、定量評価でＡ＝－100＞Ｂ＝－300となってＡという選択肢が導かれたとしても、それが上記のような定性評価の観点から是認できない場合には、Ｂの選択肢を採用することも当然あり得ます（定性評価により－200を受容したという意味になり、定性評価の「重さ」を数値化することができます。）。

　定量評価と定性評価は排他的な関係にあるのではなく、相互補完の関係にありますので、上手に使っていきましょう。

〈一歩前へ　情報の価値〉

　本事案では、顧問弁護士や洋菓子営業部部長から将来の見通し（将来発生しうる事象とその発生確率）が述べられており、この情報により正確性ある決定の木を作成することができています。

　洋菓子営業部部長はともかく、顧問弁護士についてはこのような情報提供が正に「顧問料」の対価といえるわけですが、顧問弁護士からの情報に限らず、実務では「情報」を"買う"ことが少なくありません。そこで、ここではこのような「情報」の価値を定量化する手法について紹介します。

　たとえば、「パワハラで会社を退職せざるを得なくなった。」としてXの代理人弁護士からＹ１社に対し、「訴訟になれば前年給与（賞与を含む）の１年分である500万円及び慰謝料200万円の合計700万円程度の賠償が認められるであろうが、依頼者は円満かつ迅速な解決を望んでいるので直ちに330万円を支払えば和解に応じる用意がある。」という通知が届いたとします。

　Ｙ１社に、パワハラに関する法的紛争の情報が全くなければ、Ｙ１社の選択としてはXからの請求に応じて和解するか訴訟で闘うかの２択しか導けません。また、訴訟になった場合の見通しについても分からないので、敗訴して700万円を支払うか、勝訴して１円も賠償しなくて済むかの２つの帰結事象しか導けません。

　訴訟になった場合の勝訴・敗訴のそれぞれの発生確率は、ラプラスの原理（ここでは、各事象の生起確率が不明の場合に全て同じ確率で発生すると仮定する考え方という理解で十分です。）により50％ずつとします。

　この全く情報を持たないＹ１社の決定の木を書くと**図6**のようになります（単位：万円。以下、同じ。）。

図６

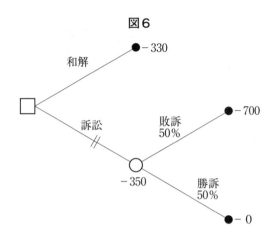

　この場合、和解－330＞訴訟－350なので、Ｙ１社としては和解を選択することになります。つまり、何も情報を持たない状態でのＹ１社の最善選択は「和解」でその評価額は－330ということです。

　一方、Ｙ１社の顧問弁護士Ｚから以下の情報が与えられたとします（ここでは簡略化のためＹ１社がＺに支払う弁護士費用と遅延損害金は無視します。）。

　すなわち、「拝見させていただいた証拠関係等を踏まえると訴訟でもパワハラがあったと認定されるでしょう。しかし、この事案ですと慰謝料は多くても30万円程度で認定されるでしょうし、逸失利益は相当因果関係なしとして損害として認められない可能性が高いです。全面勝訴になる可能性は０％、判決に至った場合に慰謝料30万円と弁護士費用３万円の合計33万円が認められる可能性が30％（一部敗訴Ａ）、慰謝料30万円、逸失利益500万円及び弁護士費用53万円の合計583万円が認められる可能性が５％（一部敗訴Ｂ）、60万円程度で訴訟上の和解ができる可能性が65％くらいだと思われます。」というアドヴァイスを得たとします。

　これを前提に決定の木を作ると**図７**になります。

図7

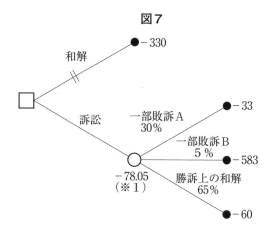

※1　$(-33 \times 0.3) + (-583 \times 0.05) + (-60 \times 0.65) = -78.05$

　この図7によれば、訴訟の評価額−78.05＞和解−330ですから、Ｙ
1社は訴訟を選択すべきことになります。

　Ｚからの情報が得られる前のＹ1社の最良選択は「和解」で、その
場合の評価額は−330であったのに対し、Ｚからの情報が得られた後
では最良選択が「訴訟」に変わり、その評価額は−78.05となってい
ます。この評価額（期待利得）の差251.95（330−78.05）が情報の価
値になります（なお、このように情報により選択が変わらないのであ
ればその情報の価値は0になります。）。

　こうして見ると、Ｚから情報を得た方が絶対的に良いようにも思え
ますが、そうではありません。Ｚの情報を信じて訴訟を選択して一部
敗訴Ｂになってしまえば、「訴訟前に330万円で和解しておけばよかっ
た。」ということになるのです。

　最良の決定は必ずしも最良の結果をもたらしてくれるわけではあり
ません。Ｚからの情報のような不完全情報（100％を保証しない情
報）は、決定のリスクを軽減することはできますが完全に排除するこ
とはできないのです。

　最良の選択＝最良の結果、になるわけではありませんが、中長期的に見れば、最良の選択を常に行う方が損失を抑えることができますので（大数の法則）、やはり有益な情報を得られる状態は常に保持しておくべきです。

　ところで、Ｚのいう一部敗訴の確率や和解できる確率は第３章第１節末〈コラム　主観確率と客観確率〉で紹介した客観確率ではなく主観確率です。これは言い換えれば「私ならこの案件であれば65％の確率で60万円を支払う程度の和解で解決することができる。」という弁護士の自信と評することもできます。弁護士によって訴訟になった場合の「自信」（≒実際の手腕？）は違うので、より正確な見通しを得たいのであれば複数の弁護士に相談するのもよいといえるでしょう。

巻末資料1

Ｙ１社理念・行動憲章

・経営理念

　私たちは、常に「一歩深めた味」を探求し、皆様の食卓に驚きと感動を届け続けます。

・行動憲章

1　私たちは、従業員の個性・人格・自主性を尊重し、皆が働きやすい職場環境を確保します。

2　私たちは、従業員の創意性ある仕事へのチャレンジを推奨し、従業員が経済人として成長できる場所であり続けることを保証します。

3　以下、省略

巻末資料2

Ｙ１社の就業規則・賃金規程（一部抜粋）

就業規則

第１条ないし第８条　省略

第９条（配転・出向）

　会社は、業務上の必要に基づき、従業員に配転（勤務地の変更、職務の変更）または出向を命ずることがある。

第10条ないし第13条　省略

第14条（休職）

　会社は、従業員（試用期間中の者を除く）が次の各号の一に該当するときは、休職を命じる。

　⑴　業務外の疾病により欠勤が連続して１か月（欠勤中の休日を含む）に達し、引き続き療養を要するとき

　⑵ないし⑷省略

　⑸　前各号のほか、会社が特に必要と認めたとき

第15条（休職期間）

　１　前条による休職期間は、次のとおりとする。

　　⑴　前条第１号の事由によるもの

　　　　６か月

　　⑵　前条第２号から第５号の事由によるもの

　　　　会社が必要と認めた期間

2　会社が特に必要と認めた場合は、前項の期間を延長することがある。

第16条（休職期間中の取扱い）

1　休職期間中は原則として無給とする。

2　休職期間は原則として勤続年数に算入しない。

第17条（復職）

1　休職期間満了までに休職事由が消滅したときは、従業員は速やかにその旨を会社に通知し、復職願を提出しなければならない。また、休職の事由が私傷病による場合には、医師の診断書（費用は従業員負担）を復職願に添付しなければならない。この場合、会社が必要と認めたときは、会社の指定する医師による診断を命じることがある。

2　会社は、休職期間満了までに休職事由が消滅したものと認めた場合、原則として原職に復職させる。但し、必要に応じて原職と異なる職務に配置することもある。

3　休職を命じられた者が、休職期間満了前に復職した場合、復職後半年以内に再び当該休職事由と同一ないし類似の事由により欠勤したときは、直ちに休職を命じる。この場合、休職期間は復職前の休職期間と通算する。

第18条（退職）

従業員が、次の各号の一に該当するときは退職とする。

(1)ないし(5)　省略

(6)　休職期間が満了しても復職できないとき

第19条ないし第26条　省略

第27条（パワーハラスメントの禁止）

　1　従業員は、職務上の地位や人間関係などの職場内の優位性を背景に、業務に必要かつ相当な範囲を超えて、精神的・身体的苦痛を与える又は職場環境を悪化させる次の行為をしてはならない。

　⑴　暴行、暴言、脅迫、名誉を毀損する行為

　⑵　業務に必要のないことを命令したり、明らかに遂行不可能なことを命令する行為

　⑶　業務上の合理性なく、能力や経験とかけ離れた程度の低い仕事を命じることや仕事を与えないこと

　⑷　私的なことに過度に立ち入ること

　⑸　その他前各号に準じる言動をすること

　2　前項に掲げる行為をした従業員に対しては、第75条の定めるところにより懲戒処分を行う。

第28条ないし第65条　省略

第66条（健康診断）

　1ないし3　省略

　4　第1項及び第2項に定めるほか、会社は、従業員が身体または精神上の疾患に罹患していることを疑われる場合には、従業員に対し、会社の指定する医師による診断または精密検査を受診するよう命じることができる。従業員は、正当な理由なくこれを拒否することはできない。

　5　第1項、第2項及び第4項の健康診断等の結果、会社が必要と認めるときは、一定期間の就業禁止、休職、労働時間の短縮、配置転換その他必要な措置を命じることがある。

第67条ないし第74条　省略

第75条（懲戒の種類及び程度）

　従業員が次条のいずれかに該当する場合には、その軽重に応じ、次の区分に従って懲戒処分を行う。

(1)　けん責

　　始末書をとり、将来を戒める

(2)　減給

　　始末書をとり、将来を戒めるとともに賃金を減ずる。

　　但し、減給の額は、1回の額が平均賃金の1日分の半額を超えることはなく、また、総額が当該賃金支払期間における賃金総額の10分の1を超えないものとする。

(3)　出勤停止

　　始末書をとり、30日以内出勤を停止し、その期間中の賃金は支給しない

(4)　昇給停止

　　始末書をとり、昇給を一定期間停止する

(5)　降格

　　始末書をとり、等級を引き下げる（これに伴い、賃金も賃金規程に基づき変更される。）

(6)　諭旨解雇

　　退職願の提出を勧告し、会社の定めた期間内に勧告に従わない場合は、懲戒解雇とする

(7)　懲戒解雇

　　即時に解雇し、退職金の全部又は一部を支給しない。

第76条（懲戒事由）

　従業員が、次の各号の一に該当する場合は、前条に定める懲戒処分を行う。

(1)　正当な理由なく無断欠勤したとき

(2)ないし(23)省略

(24)　本規則第27条に違反したとき

(25)　前各号に準ずる行為があったとき

賃金規程

第1条ないし第15条　省略

第16条（歩合手当）

　会社は、営業職の従業員に対し、次の式により求められる金額を歩合手当として支給する。各部の売上原価は、決算に合わせて算出し、毎年6月にその額を通知する。右通知額をその年の7月支給分の賃金から翌年6月支給分の賃金まで適用し、毎年これを繰り返す。

(1)　洋菓子部　（売上－売上原価）＊10％

(2)　レトルト食品部　省略

第17条以下　省略

巻末資料3

<h1>ＸとＹ１社の雇用契約書</h1>

　Ｙ１社（以下、「甲」という）とＸ（以下、「乙」という）は、以下のとおり雇用契約を締結する。

第１条（雇用）

　甲は、乙を本契約書に定める労働条件により雇用し、乙は甲の諸規程および指揮命令に従い、誠実に勤務する。

第２条（就業時間・休憩時間）

　乙の就業時間および休憩事件は下記のとおりとする。

　(1)　就業時間：９時から18時まで

　(2)　休憩時間：12時から13時までの１時間

第３条（勤務日及び休日）

　乙の勤務日及び休日は以下のとおりとする。ただし、業務の都合により、甲は必要のある場合には、休日に乙を就業させ、他の日を振り替え、休日とすることができる。

　(1)　勤務日：毎週月曜日から金曜日

　(2)　休　日：土日祝日

第４条ないし第９条　省略

第10条（その他）

　この契約書に定めのない事項は、就業規則によるものとする。

　本契約の成立を証するため、本契約書２通を作成し、記名押印のうえ甲乙が各１通を保有する。

　2019年４月１日

甲　Ｙ１社

代表取締役　Ａ　㊞

乙　Ｘ　　　　㊞

巻末資料4の1

Bの陳述書

2021年2月8日

Y1社　御中

氏　名　　B　　　　　　　　㊞

1　私の経歴、職務、Xらとの関係等

　私は、Xと同じ大学を卒業し、2019年4月1日付でXと一緒に貴社に入社し、同じく洋菓子営業部に配属されました。

　私の仕事もXと変わらず、2020年4月までは先輩方の営業補助だけでした。同月からは私はSエリアを割り当てられ、一人で営業活動も行っています。

　Xとは大学に入ってからすぐに出会って友達になりました。二人とも食べることが好きなので食品製造系の会社で働きたいと普段から話をしていました。そして、就職活動の際、2人で貴社に応募したところ、幸いなことに一緒に入社することができました。

　Xとは、貴社に入社後もランチを一緒に行ったり、ディナーを共にすることも度々ありました。休日に一緒に買い物に行ったりすることもあります。入社後も変わらず友人で、アプリでお互いに悩みなどを相談することもあります。

　Cは私の先輩に当たりますが、私の直属の上司であるZの部下ではなく、Cと一緒に仕事をしたことはありませんし、プライベートでの連絡先を交換したりといったこともありません。

2　Y2との関係

　Y2は同じ部署の上司に当たりますが、「直属の上司」というわけではありません。私の直属の上司はZ課長になります。洋菓子営業部

では、先輩営業マンと部下となる営業マンは紐づけられていますので私が命令を受けるのはＺ課長だけで、Ｙ２から何か命令を受けるといったことはありませんでした。

　勿論、挨拶などのコミュニケーションはありましたが、それ以上に一緒に仕事をしたりとか、プライベートな連絡先を交換したりとか、そのような関係はありません。正直、Ｙ２のことはよく分かりませんが、何度かオフィスでＸさんに対してかなり厳しいことを言っているのを見たことがあるので、怖い印象はあります。

３　Ｙ２のパワハラ行為について

　(1)　2020年２月21日の行為

　　私も営業で外に出ていることが多いですし、Ｘも何でもかんでも私に相談するというわけではないので、詳しい事情は分かりませんが、2020年２月21日の午前10時頃、たしかにＹ２はＸに対して大声で「こんなの小学生でもできるぞ！」と言って怒っていました。ちょうど外出しようとしていたときにＸがＹ２のところに行っているのが見えたので少しに気になって見ていたところ、Ｙ２が急に大きな声で怒ったのでびっくりしたのを覚えています。その後は、Ｙ２はあきれた様子で「もういい」というようなことを呆れた様子で言っていました。

　　私は「そんな大声で怒らなくても・・・」と思いましたが、Ｘがどのようなミスをしたのかなどを知らないのに口を挟むのは良くないと考え、特に何をするわけでもなくオフィスを後にしました。

　　このときは私のほかにもＣさん、Ｄさん、Ｅさん、Ｆさん、Ｇさんがいました。皆も驚いていたと思います。

　(2)　2020年12月20日の行為

　　私がランチから戻ってきたときなので、大体13時くらいだったと思いますが、ＸがＹ２のデスクに恐る恐る歩いていくのが見えました。Ｘを注視したのには理由があり、2020年７月中旬頃に、Ｘから

仕事が辛くて病院に行ったらうつ病と診断されたと相談され、その際、Xが「Ｙ２から怒られるのがすごく怖い。」と言っていたからです。それで、ちょっと気になって見ていたのです（なお、私とXのアプリでのやりとりをプリントアウトしたものを提出します。）。

そうしたところ、Ｙ２はXに対し、「馬鹿じゃないのか？」とか「もっと頭を使わない仕事をしたらどうか」とか私だったら言われるとかなりのショックを受けそうなことを言われていました。Xは怯えた様子で「申し訳ありません。」と言ってＹ２のデスクから自分のデスクに戻って何か急いだ様子で調べものをしていました。

私はXの様子が気になったので、Xが席を立った際に私も席を立ち、Xの後を追って給湯室に行きました。給湯室でXは何かぼーっとしている様子でカップを眺めていました。私は、Xに「Ｙ２さんイライラしているよね。あんまり気にしすぎちゃダメだよ。ミスなんて誰にでもあるんだし。」と励ましの言葉をかけましたが、Xは苦笑いして「うん」と言っただけでした。

(3) 2021年1月29日の行為

Xはこの日も午前9時20分頃にＹ２から机を叩かれるなどのパワハラ行為を受けたと述べているようですが、私は外出していたので直接は見ていません。

ですが、その日、Xと一緒にランチをしたときに、Xは私に「今日もＹ２に怒鳴られた。頼まれた資料作りをしていなかった私が悪いんだけど。座っているだけで給料もらえていいですね、って。無能な人間には任せられることはない、って言われた。」と言っていました。「机を叩かれた。」というのはちょっと言っていたか記憶にありません。

私はXの様子を見ているといくら何でもかわいそうだと思うようになり、会社の相談窓口に相談してみた方がよいのではないかとアドヴァイスしました。Xは、「うん。そうしてみる。ありがとう。」

と言って、その後は特にＹ２の話はしていませんでした。

　なお、ＸはＹ２との関係について、私以外に両親にも相談しているようでした。

以上

巻末資料4の2

Cの陳述書

2021年2月8日

Ｙ１社　御中

氏　名　　C　　　　　　　㊞

1　私の経歴、職務、Xらとの関係等

　私は、2013年4月1日に貴社に入社し、洋菓子営業部に配属されました。私が行ってきた職務もXやBと同様です。

　XはY2が、BはZが直属の上司で紐づけがされていますが、私の上司はWなので、X、Y2、B、Zの誰とも一緒に仕事をしたことはありませんし、特に仲が良い悪いといった関係もありません。営業先の情報交換など仕事上のコミュニケーションが全くないわけではありませんが、それだけです。

2　Y2との関係

　Y2は先輩に当たりますし、役職も私の方が下ですが、洋菓子営業部では上司と部下が完全に紐付けられていて紐付けられていない上司から何か指示を受けることはほとんどないので、Y2から何か指示を受けたりすることはありませんでした。

　人事評価も直属の上司が行い、さらに部長が評価を行うという方式になっているので、こういうのも何ですがあまりY2からの評価を気にしたことはありません。

3　Y2のパワハラ行為について

⑴　2020年2月21日の行為

　午前10時頃、たしかにY2はXに対して「何だったら満足にできるんだ。」「小学生でもできる。」などと怒鳴っていました。

　Ｙ２のデスクと私のデスクは３メートルくらいしか離れていないのでよく聞こえました。ＸはＹ２からよく怒られていたので、「また怒られてるな。」と思いました。

⑵　2020年12月20日の行為

　この日もたしかにＸはＹ２から怒られていたと思います。いつも午前９時から10時の早い時間帯に怒られていることが多いですが、この日はお昼頃だったと思います。12時前だったか後だったかまでは覚えていません。

　後で普段はあまり私に仕事のアドヴァイスを求めないＸが私のところにPDFファイルをワードに挿入する方法を聴きにきたのでよく記憶に残っているのですが、Ｙ２がＸに「他の人は１年もしない間に出来るようになってる。」と怒っていました。内心、「仕事で求められない限り何年経ってもできないのでは？」と思ったのを覚えています。さらに続けて「馬鹿」という言葉も使っていましたので、感情的に怒り過ぎではないかとも思いました。

⑶　2021年１月29日の行為

　この日の午前中にもＹ２がＸに何かきついことを言ったということのようですが、私はこの日は出社してすぐに取引先に向かったので、Ｙ２とＸとの間に何があったかは直接何も見ていませんし、2020年12月20日のときのようにＸから後で何か相談されたわけでもありません。

　私はこの日、12時前には会社に戻りましたが、たしかにいわれてみればＸは随分と憔悴した様子でした。そんな様子をみかねてか、同期のＢがＸをランチに誘っていました。ＸはＢの誘いに乗ってＢと一緒に会社の近くのパスタ屋に行っていたので、おそらく、ＢはＸから何か話を聴いているのではないかと思います。

以上

巻末資料4の3

Ｘの陳述書

2021年2月4日

Ｙ1社　御中

氏　名　　X　　　　　　㊞

1　私の経歴及び職務等

　私は、2019年4月1日付で貴社に入社し、洋菓子営業部に配属されました。

　洋菓子営業部では、2020年4月頃までは、専ら営業経験の豊富な先輩方の営業活動の補助（取引先及び営業先への連絡、パワーポイント等の資料作成、売上データの入力など）を行ってきましたが、同月頃からはＲエリアを割り当てられ、一人で営業を行う仕事も任されるようになりました。

2　Ｙ2との関係

　Ｙ2は私が入社したときからの上司に当たる人です。入社当初から私はＹ2の営業補助を行ってきました。入社して数か月はＹ2から怒られることはあまりありませんでした。

　2019年10月頃に、Ｙ2と共に営業先Ｓ社に営業に行った際、Ｓ社から「商品に興味があるので資料を送って欲しい。」と言われ、私はＹ2から口頭で「帰社したらすぐにＳ社に商品Ｔの資料を郵送しておいてね。」と言われたのに、夕方に帰社して他の仕事をしているうちに失念してしまい、そのことでＹ2がＳ社から「お願いした資料ですが、いつになったら届くのでしょうか。」とメールでクレームを受けるという事件がありました。結局、そのＳ社との取引にはならなかったみたいです。

201

　Ｙ２は、後日、洋菓子営業部のオフィスで自席に座っていた私のところへ歩いてきて、「さっきＳ社から商品Ｔの資料がまだ届いてないってクレームがあったけどまだやってなかったんですか。もう入社して半年になるのにまだこんなミスをするんですね。」と言いました。私は自分に非があることは分かっていたので素直に謝りました。たしか、「今度からは指示されたことはその場ですぐにメモします。」と再発防止策を考えて答えたと思います。

　なお、Ｙ２とは仕事で話をするだけで、プライベートで会ったこともありませんし、Ｙ２の個人的なメールアドレス等も知りません。

３　Ｙ２からのパワハラ行為

⑴　2020年２月21日の行為

　同年２月10日に同月23日に訪問予定のＵ社向けのプレゼン資料を同月20日まで作成して持ってくるようにＹ２から命令されました。たしか、Ｙ２からは「私が確認して修正があった場合の修正の時間もあるから、20日までには提出してくださいね。」と言われたと思います。

　しかし、同月10日以降、私自身の仕事が多くてなかなかＹ２から頼まれたプレゼン資料の作成に着手することができず、数ページ作ったところで期限である同月20日を経過してしまいました。

　私は、同月21日午前10時頃だったと思いますが、Ｙ２の机に歩いていき、座っているＹ２に対して「申し訳ありません。頼まれていたＵ社向けのプレゼン資料ですが昨日までに完成できませんでした。明日中には完成させます。」と言ったところ、大声で「<u>おまえは、一体何だったら満足にできるんだ！こんなの小学生でもできるぞ。</u>」と怒鳴られました。私はすぐに「すいません。」と謝りましたが、Ｙ２さんは「もういいからデータを送ってください。自分でやった方が早いので。」と強めに言われました。周りには同じ部署のＢさん、Ｃさん、Ｄさん、Ｅさん、Ｆさん、Ｇさんがいました。

(2)　2020年6月10日の行為

　2020年6月4日、Ｙ2とＶ社に営業に行った際、Ｖ社がＳ社と同様に商品Ｔの資料を希望したので、Ｙ2から商品Ｔの資料をＶ社に送るように言われました。そのとき、私は前みたいに忘れないようにメモに書いていたのですが、帰社したときに急用が出来てそちらの方に意識が取られてしまい、また資料送付を忘れてしまいました。同月8日に他の件の関係でメモ帳を読み返していたときに気付きました。

　私はＹ2から叱責されることが怖くなっていたので、同月10日の午後5時頃に、Ｙ2宛てに会社のパソコンからメールで「同じミスを繰り返して申し訳ありませんでした。」と謝罪したら、「またですか。あなたのような無能な人間はＹ1社に必要ないと思います。あなたの替えになる人なんていくらでもいますよ。」との返信がありました。私は二度目の同じミスで何も言い返すことはないと思い、「申し訳ありませんでした。」とだけ返信しました。

　この頃から、Ｙ2がＹ1社に私のミスを報告して退職させるように働きかけるのではないか、Ｙ2からまた同僚たちの目の前で怒鳴られるのではないかと不安になり、なかなか眠れなくなり、食欲も減退していきました。

　2020年7月4日にABCメンタルクリニックで診察を受けたところ、後日、「うつ病」と診断されました。会社に報告しようかと思ったのですが、うつ病ということでそれこそお荷物扱いされて退職に追い込まれるのではないかと思い、言い出すことができませんでした。

　たしか、同年9月頃までは処方された薬を飲んで仕事をしていましたが、薬に依存していくのが怖くなって、その頃から通院しなくなり、薬も飲んでいません。

　なお、私がうつ病と診断されたことは、Ｙ2に伝えてもらって結

構です。

(3) 2020年12月20日の行為

　2020年12月20日の13時頃だったと思いますが、Ｙ２から指示された資料の作成に関して、ワードにPDFデータを挿入する方法が分からなかったので、オフィスの自席に座っていたＹ２のところに歩いていきやり方を尋ねました。そうしたところ、「もう入社して２年近くになりますよね。まだこんなことも分からないのですか。他の人はこんなの１年もしない間に出来るようになっていますよ。馬鹿にはこの仕事はできませんよ。もう少し頭を使わない仕事に変わった方がいいんじゃないですか。その方があなたのためにもなりますよ。」と言われました。その後、私は「申し訳ありません。自分で調べます。お時間をお取りして申し訳ありませんでした。」と言い、自席に戻ったと思います。

　このとき、同僚のＢさんとＣさんが見ていて、あとでＢさんが給湯室で「最近、ちょっとＹ２さんはイライラしてるよね。あんまり気にしちゃダメだよ。」と言ってくれました。

　結局、上述したPDFの埋め込みは同僚のＣさんにやり方を聴き、問題は解決しましたが、この日からＹ２の顔を見るだけでも動悸がするようになり、営業中の車内でＹ２と一緒のときは吐き気までするようになりました。

(4) 2021年１月29日

　2021年１月15日、私はＹ２から前年の取引先別の売上などをエクセルでまとめて資料を作るように指示を受けていたのですが、完成できないでいました。

　同年１月29日午前９時に出社し、私が自分のデスクで担当している取引先への営業訪問の準備をしていると、同時20分頃だったと思いますが、Ｙ２がデスクに座っていた私のところに来て右横に立ち、急に机を両手で「バン！」と大きな音がするくらいの力で叩き

ました。そして、「頼んでいた資料はできたんですか。できてないんでしょ。座っているだけで給料をもらえていいですね。あなたのような無能な人にはもう何も頼みませんから。よくそんなので会社に来られますね。」と言われました。私は、もうＹ２が怖いという気持ちしかなく、反射的に「申し訳ありませんでした。」と答えました。私は怖くてＹ２の顔は見なかったのですが、Ｙ２は「またそれですか。もういいです。他の人に頼みます。」と言って自分のデスクに戻っていきました。

　このとき、同僚たちは周りに誰もいませんでした。

4　私の希望

　Ｂさんは私を励ましてくれますが、もう限界です。

　最近は、ろくに仕事もできない自分には価値がないと感じ、生きる気力も無くなってきています。毎日が辛く、何をどうしたらいいのか分からなくなり、唐突に涙が出ることもあります。

　たしかに、仕事のミスがあったことは事実ですが、Ｙ２の対応は行き過ぎで、パワハラに該当すると思います。

　Ｙ２が同じ職場にいる限り私の苦しみは続き、症状も悪化していくので、私の希望としては、Ｙ２を退職させて欲しいです。

以上

巻末資料4の4

Y2の陳述書

2021年2月24日

Y1社　御中

氏　名　　Y2　　　　　　　㊞

1　私の経歴及び職務等

　私は、2012年6月1日付で貴社に入社し、洋菓子営業部に配属されました。私は、貴社に入社する前は宝飾品を売る会社で営業をしていました。

　洋菓子営業部に配属されてから現在に至るまで他の部に異動したことはありませんし、この部署での仕事はとても有意義に感じています。営業成績も部で上位を維持できており、貴社にも貢献しているものと認識しています。

2　Xとの関係

　Xは入社してからすぐに私の部下となり、私のスケジュール管理、取引先や営業先に提出する資料の作成、会議で使う資料の作成などを担当していました。Xが自分の担当を持つようになった後も、特にXに任せる業務量が増減したということはありません。

　Xは2019年10月に私が頼んでいたS社への資料送付を忘れたことから私がXに厳しく当たるようになったと認識しているようですが、それは違います。Xは、それ以前から私の頼んでいたことを何度か忘れていたことがありました。以前から気にはなっていたのですが、入社して数か月ということもあり、あまり強くは言いませんでした。その10月のときは、さすがにミスが多いと思っていたので少し強めに注意したのだと思います。「入社して半年なのに」とか具体的にどういう

ことを言ったかまでは覚えていません。

3　Xが主張するパワハラ行為について

(1)　2020年2月21日の事実関係

　Xが主張する2020年2月21日の事実関係は概ね間違いありません。

　「小学生でもできる」と言うのは少し言い過ぎだったかもしれませんが、Xは先ほど述べたとおりミスが多く、軽く叱ってもミスが無くならない部下だったので、強く言う必要があったのです。

　私としては、指導としてやむを得ない言動だったと考えており、パワハラに該当しないと思っています。

(2)　2020年6月10日の事実関係

　Xが主張する2020年6月10日の事実関係についても概ね間違いありません。

　これについても、Xのミスが無くならないことから、このままでは会社に残れなくなると伝えてプレッシャーを与えることでXの注意レベルを上げようという意図で言ったことで、パワハラには該当しないと思っています。

(3)　2020年12月20日の事実関係

　Xが主張する2020年12月20日の事実関係についても概ね間違いありません。

　前提として、Xはうつ病と診断されていたということですが、私は今日までそのことを知らされていませんでしたし、うつ病のようには見えませんでした。同僚のBやCと談笑したり、私との会話も普通に出来ていたからです。

　たしかに「馬鹿」というのは行き過ぎた表現かもしれませんが、大きな声で言ったわけでありませんし、Xのミスで私以外の同僚も迷惑を被っていたのでXには自らの意思で他の部署へ異動してもらう必要があったのです。そのため、強めに異動を促したのです。

　私の言動は部全体のことを思ってのことで、違法なパワハラと言

われるのは心外です。

(4)　2021年1月29日の事実関係

　私がXに、2020年1月15日、取引先別売上などをエクセルでまとめるよう指示していたことは事実ですし、同月29日になってもそれをXがしていなかったのも事実です。

　頼んでいた売上等の集計は2時間もあればできるような仕事でした。

　Xは同日午前9時20分頃に私がXのデスクへ行き机を叩いたなどと言っているようですが、そのような事実はありません。私は、Xを私のデスクに呼び、私の前に来たXに対し「頼んでいた資料はできたんですか。できてないんでしょ。他の人にやってもらいますからもういいです。」とは言いましたが、「座っているだけで給料がもらえていいですね。」とか「無能な人にはもう何も頼まない。」「よくそんなので会社に来られますね。」などとは言っていません。

　最近はXを叱ることが多かったので、少し被害妄想気味になっているのだと思います。うつ病の影響もあったのではないでしょうか。

4　私の意見

　たしかに、私もかなり強い言葉を使ってしまったという認識はあります。ですが、それはXのミスを無くすことを目的としたものであって、究極的には部、会社全体の業務に支障が出ることを防止するための行為でした。

　暴力を振ったわけではありませんし、殺すぞなど脅すようなことを言ったわけでもないのですから、パワハラには該当しないと考えています。この程度の言動でパワハラと言われたら仕事ができなくなってしまいます。

　会社には、慎重な判断をお願いします。

以上

巻末資料5

　　　　ＸとＢのメッセージ機能付きアプリのやりとり（一部抜粋）

〈2020年2月21日〉

21：05　Ｘ→Ｂ　さっきは話を聴いてくれてありがとう。少し気持ち
　　　　　　　　が軽くなった。

21：06　Ｂ→Ｘ　また何かあったら相談して。Ｙ２さんは怖いだろう
　　　　　　　　けど、負けちゃダメだよ。

〈2020年7月28日〉

22：20　Ｘ→Ｂ　今、時間大丈夫？

22：22　Ｂ→Ｘ　うん。

22：23　Ｘ→Ｂ　最近、眠れないから病院に行ったんだけど、うつ
　　　　　　　　病って診断された。

22：24　Ｂ→Ｘ　それってＹ２さんのせい？

22：25　Ｘ→Ｂ　そうだと思う。Ｙ２さんから退職に追い込まれるん
　　　　　　　　じゃないかって、そんな不安が常にあるの。

〈2021年1月29日〉

21：35　Ｂ→Ｘ　今日、会社の相談窓口には行った？

21：40　Ｘ→Ｂ　まだ。なんて相談していいか分からなくて。

21：42　Ｂ→Ｘ　お昼にも言ったけど座ってるだけで給料もらってる
　　　　　　　　とか、無能とか、そういう言葉を使うのはパワハラ
　　　　　　　　だと思うよ。Ｘは悪くないんだからちゃんと相談し
　　　　　　　　た方がいいよ。

21：55　Ｘ→Ｂ　でも、元はといえば私が資料を期限までに作成しな
　　　　　　　　かったのが悪いわけだし・・・なんて言われても

しょうがないかなって思う。

22：03　B→X　ミスをしたからって何を言ってもいいってわけじゃ
　　　　　　　　ないと思うよ。

22：05　X→B　そうなのかな。分からないけど。でも、会社に相談
　　　　　　　　したらまたＹ２さんから怒られないかな。

22：07　B→X　会社に掲示されていたポスターには秘密は守るとか
　　　　　　　　相談したことを理由として不利益取扱いはしないっ
　　　　　　　　て書いてあったよ。大丈夫なんじゃないかな。

22：13　X→X　ありがとう。考えてみるね。

巻末資料6

簡易生命表〈女〉

年齢	平均余命
	平成30年のみ抜粋
0 〜 20	省略
21	66.65
22	65.66
23	64.68
24	63.69
25〜	省略

巻末資料7

ライプニッツ係数表（年金現価表）3％

労働能力 喪失期間	ライプニッツ係数
1～40	省略
2	1.913
3～40	省略
41	23.4124
42	23.7014
43	23.9819
44	24.2543
45	24.5187
46～66	省略
67	28.7330

巻末資料8

厚生労働省告示第五号

事業主が職場における優越的な関係を背景とした言動に起因する問題
に関して雇用管理上講ずべき措置等についての指針

1　はじめに

　この指針は、労働施策の総合的な推進並びに労働者の雇用の安定及
び職業生活の充実等に関する法律（昭和41年法律第132号。以下
「法」という。）第30条の2第1項及び第2項に規定する事業主が職場
において行われる優越的な関係を背景とした言動であって、業務上必
要かつ相当な範囲を超えたものにより、その雇用する労働者の就業環
境が害されること（以下「職場におけるパワーハラスメント」とい
う。）のないよう雇用管理上講ずべき措置等について、同条第3項の
規定に基づき事業主が適切かつ有効な実施を図るために必要な事項に
ついて定めたものである。

2　職場におけるパワーハラスメントの内容

　(1)　職場におけるパワーハラスメントは、職場において行われる①
　　優越的な関係を背景とした言動であって、②業務上必要かつ相当
　　な範囲を超えたものにより、③労働者の就業環境が害されるもの
　　であり、①から③までの要素を全て満たすものをいう。

　　　なお、客観的にみて、業務上必要かつ相当な範囲で行われる適
　　正な業務指示や指導については、職場におけるパワーハラスメン
　　トには該当しない。

　(2)　「職場」とは、事業主が雇用する労働者が業務を遂行する場所
　　を指し、当該労働者が通常就業している場所以外の場所であって
　　も、当該労働者が業務を遂行する場所については、「職場」に含

まれる。

(3) 「労働者」とは、いわゆる正規雇用労働者のみならず、パートタイム労働者、契約社員等いわゆる非正規雇用労働者を含む事業主が雇用する労働者の全てをいう。また、派遣労働者については、派遣元事業主のみならず、労働者派遣の役務の提供を受ける者についても、労働者派遣事業の適正な運営の確保及び派遣労働者の保護等に関する法律（昭和60年法律第88号）第47条の4の規定により、その指揮命令の下に労働させる派遣労働者を雇用する事業主とみなされ、法第30条の2第1項及び第30条の3第2項の規定が適用されることから、労働者派遣の役務の提供を受ける者は、派遣労働者についてもその雇用する労働者と同様に、3(1)の配慮及び4の措置を講ずることが必要である。なお、法第30条の2第2項、第30条の5第2項及び第30条の6第2項の労働者に対する不利益な取扱いの禁止については、派遣労働者も対象に含まれるものであり、派遣元事業主のみならず、労働者派遣の役務の提供を受ける者もまた、当該者に派遣労働者が職場におけるパワーハラスメントの相談を行ったこと等を理由として、当該派遣労働者に係る労働者派遣の役務の提供を拒む等、当該派遣労働者に対する不利益な取扱いを行ってはならない。

(4) 「優越的な関係を背景とした」言動とは、当該事業主の業務を遂行するに当たって、当該言動を受ける労働者が当該言動の行為者とされる者（以下「行為者」という。）に対して抵抗又は拒絶することができない蓋然性が高い関係を背景として行われるものを指し、例えば、以下のもの等が含まれる。

・職務上の地位が上位の者による言動
・同僚又は部下による言動で、当該言動を行う者が業務上必要な知識や豊富な経験を有しており、当該者の協力を得なければ業務の円滑な遂行を行うことが困難であるもの

・同僚又は部下からの集団による行為で、これに抵抗又は拒絶することが困難であるもの

(5) 「業務上必要かつ相当な範囲を超えた」言動とは、社会通念に照らし、当該言動が明らかに当該事業主の業務上必要性がない、又はその態様が相当でないものを指し、例えば、以下のもの等が含まれる。

・業務上明らかに必要性のない言動

・業務の目的を大きく逸脱した言動

・業務を遂行するための手段として不適当な言動

・当該行為の回数、行為者の数等、その態様や手段が社会通念に照らして許容される範囲を超える言動

　　この判断に当たっては、様々な要素（当該言動の目的、当該言動を受けた労働者の問題行動の有無や内容・程度を含む当該言動が行われた経緯や状況、業種・業態、業務の内容・性質、当該言動の態様・頻度・継続性、労働者の属性や心身の状況、行為者との関係性等）を総合的に考慮することが適当である。また、その際には、個別の事案における労働者の行動が問題となる場合は、その内容・程度とそれに対する指導の態様等の相対的な関係性が重要な要素となることについても留意が必要である。

(6) 「労働者の就業環境が害される」とは、当該言動により労働者が身体的又は精神的に苦痛を与えられ、労働者の就業環境が不快なものとなったため、能力の発揮に重大な悪影響が生じる等当該労働者が就業する上で看過できない程度の支障が生じることを指す。

　　この判断に当たっては、「平均的な労働者の感じ方」、すなわち、同様の状況で当該言動を受けた場合に、社会一般の労働者が、就業する上で看過できない程度の支障が生じたと感じるような言動であるかどうかを基準とすることが適当である。

(7) 職場におけるパワーハラスメントは、(1)の①から③までの要素を全て満たすものをいい（客観的にみて、業務上必要かつ相当な範囲で行われる適正な業務指示や指導については、職場におけるパワーハラスメントには該当しない。）、個別の事案についてその該当性を判断するに当たっては、(5)で総合的に考慮することとした事項のほか、当該言動により労働者が受ける身体的又は精神的な苦痛の程度等を総合的に考慮して判断することが必要である。

このため、個別の事案の判断に際しては、相談窓口の担当者等がこうした事項に十分留意し、相談を行った労働者（以下「相談者」という。）の心身の状況や当該言動が行われた際の受け止めなどその認識にも配慮しながら、相談者及び行為者の双方から丁寧に事実確認等を行うことも重要である。

これらのことを十分踏まえて、予防から再発防止に至る一連の措置を適切に講じることが必要である。

職場におけるパワーハラスメントの状況は多様であるが、代表的な言動の類型としては、以下のイからへまでのものがあり、当該言動の類型ごとに、典型的に職場におけるパワーハラスメントに該当し、又は該当しないと考えられる例としては、次のようなものがある。ただし、個別の事案の状況等によって判断が異なる場合もあり得ること、また、次の例は限定列挙ではないことに十分留意し、4(2)ロにあるとおり広く相談に対応するなど、適切な対応を行うようにすることが必要である。

なお、職場におけるパワーハラスメントに該当すると考えられる以下の例については、行為者と当該言動を受ける労働者の関係性を個別に記載していないが、(4)にあるとおり、優越的な関係を背景として行われたものであることが前提である。

イ　身体的な攻撃（暴行・傷害）

（イ）　該当すると考えられる例

①　殴打、足蹴りを行うこと。

②　相手に物を投げつけること。

㈠　該当しないと考えられる例

①　誤ってぶつかること。

ロ　精神的な攻撃（脅迫・名誉棄損・侮辱・ひどい暴言）

㈠　該当すると考えられる例

①　人格を否定するような言動を行うこと。相手の性的指向・性
自認に関する侮辱的な言動を行うことを含む。

②　業務の遂行に関する必要以上に長時間にわたる厳しい叱責を
繰り返し行うこと。

③　他の労働者の面前における大声での威圧的な叱責を繰り返し
行うこと。

④　相手の能力を否定し、罵倒するような内容の電子メール等を
当該相手を含む複数の労働者宛てに送信すること。

㈡　該当しないと考えられる例

①　遅刻など社会的ルールを欠いた言動が見られ、再三注意して
もそれが改善されない労働者に対して一定程度強く注意をする
こと。

②　その企業の業務の内容や性質等に照らして重大な問題行動を
行った労働者に対して、一定程度強く注意をすること。

ハ　人間関係からの切り離し（隔離・仲間外し・無視）

㈠　該当すると考えられる例

①　自身の意に沿わない労働者に対して、仕事を外し、長期間に
わたり、別室に隔離したり、自宅研修させたりすること。

②　一人の労働者に対して同僚が集団で無視をし、職場で孤立さ
せること。

㈡　該当しないと考えられる例

①　新規に採用した労働者を育成するために短期間集中的に別室

で研修等の教育を実施すること。

②　懲戒規定に基づき処分を受けた労働者に対し、通常の業務に復帰させるために、その前に、一時的に別室で必要な研修を受けさせること。

ニ　過大な要求（業務上明らかに不要なことや遂行不可能なことの強制・仕事の妨害）

(イ)　該当すると考えられる例

①　長期間にわたる、肉体的苦痛を伴う過酷な環境下での勤務に直接関係のない作業を命ずること。

②　新卒採用者に対し、必要な教育を行わないまま到底対応できないレベルの業績目標を課し、達成できなかったことに対し厳しく叱責すること。

③　労働者に業務とは関係のない私的な雑用の処理を強制的に行わせること。

(ロ)　該当しないと考えられる例

①　労働者を育成するために現状よりも少し高いレベルの業務を任せること。

②　業務の繁忙期に、業務上の必要性から、当該業務の担当者に通常時よりも一定程度多い業務の処理を任せること。

ホ　過小な要求（業務上の合理性なく能力や経験とかけ離れた程度の低い仕事を命じることや仕事を与えないこと）

(イ)　該当すると考えられる例

①　管理職である労働者を退職させるため、誰でも遂行可能な業務を行わせること。

②　気にいらない労働者に対して嫌がらせのために仕事を与えないこと。

(ロ)　該当しないと考えられる例

①　労働者の能力に応じて、一定程度業務内容や業務量を軽減す

ること。

へ　個の侵害（私的なことに過度に立ち入ること）

　(イ)　該当すると考えられる例

　　①　労働者を職場外でも継続的に監視したり、私物の写真撮影を
　　したりすること。

　　②　労働者の性的指向・性自認や病歴、不妊治療等の機微な個人
　　情報について、当該労働者の了解を得ずに他の労働者に暴露す
　　ること。

　(ロ)　該当しないと考えられる例

　　①　労働者への配慮を目的として、労働者の家族の状況等につい
　　てヒアリングを行うこと。

　　②　労働者の了解を得て、当該労働者の性的指向・性自認や病
　　歴、不妊治療等の機微な個人情報について、必要な範囲で人事
　　労務部門の担当者に伝達し、配慮を促すこと。

　　　この点、プライバシー保護の観点から、へ(イ)②のように機微な
　　個人情報を暴露することのないよう、労働者に周知・啓発する等
　　の措置を講じることが必要である。

3　事業主等の責務

　(1)　事業主の責務

　　　法第30条の3第2項の規定により、事業主は、職場におけるパ
　　ワーハラスメントを行ってはならないことその他職場におけるパ
　　ワーハラスメントに起因する問題（以下「パワーハラスメント問
　　題」という。）に対するその雇用する労働者の関心と理解を深める
　　とともに、当該労働者が他の労働者（他の事業主が雇用する労働者
　　及び求職者を含む。(2)において同じ。）に対する言動に必要な注意
　　を払うよう、研修の実施その他の必要な配慮をするほか、国の講ず
　　る同条第1項の広報活動、啓発活動その他の措置に協力するように
　　努めなければならない。なお、職場におけるパワーハラスメントに

起因する問題としては、例えば、労働者の意欲の低下などによる職場環境の悪化や職場全体の生産性の低下、労働者の健康状態の悪化、休職や退職などにつながり得ること、これらに伴う経営的な損失等が考えられる。

　また、事業主（その者が法人である場合にあっては、その役員）は、自らも、パワーハラスメント問題に対する関心と理解を深め、労働者（他の事業主が雇用する労働者及び求職者を含む。）に対する言動に必要な注意を払うように努めなければならない。

⑵　労働者の責務

　法第30条の３第４項の規定により、労働者は、パワーハラスメント問題に対する関心と理解を深め、他の労働者に対する言動に必要な注意を払うとともに、事業主の講ずる４の措置に協力するように努めなければならない。

4　事業主が職場における優越的な関係を背景とした言動に起因する問題に関し雇用管理上講ずべき措置の内容

　事業主は、当該事業主が雇用する労働者又は当該事業主（その者が法人である場合にあっては、その役員）が行う職場におけるパワーハラスメントを防止するため、雇用管理上次の措置を講じなければならない。

⑴　事業主の方針等の明確化及びその周知・啓発

　事業主は、職場におけるパワーハラスメントに関する方針の明確化、労働者に対するその方針の周知・啓発として、次の措置を講じなければならない。

　なお、周知・啓発をするに当たっては、職場におけるパワーハラスメントの防止の効果を高めるため、その発生の原因や背景について労働者の理解を深めることが重要である。その際、職場におけるパワーハラスメントの発生の原因や背景には、労働者同士のコミュニケーションの希薄化などの職場環境の問題もあると考えられる。

そのため、これらを幅広く解消していくことが職場におけるパワー
ハラスメントの防止の効果を高める上で重要であることに留意する
ことが必要である。

イ　職場におけるパワーハラスメントの内容及び職場におけるパ
　　ワーハラスメントを行ってはならない旨の方針を明確化し、管理
　　監督者を含む労働者に周知・啓発すること。
　　（事業主の方針等を明確化し、労働者に周知・啓発していると認
　　められる例）
　　①　就業規則その他の職場における服務規律等を定めた文書にお
　　　いて、職場におけるパワーハラスメントを行ってはならない旨
　　　の方針を規定し、当該規定と併せて、職場におけるパワーハラ
　　　スメントの内容及びその発生の原因や背景を労働者に周知・啓
　　　発すること。
　　②　社内報、パンフレット、社内ホームページ等広報又は啓発の
　　　ための資料等に職場におけるパワーハラスメントの内容及びそ
　　　の発生の原因や背景並びに職場におけるパワーハラスメントを
　　　行ってはならない旨の方針を記載し、配布等すること。
　　③　職場におけるパワーハラスメントの内容及びその発生の原因
　　　や背景並びに職場におけるパワーハラスメントを行ってはなら
　　　ない旨の方針を労働者に対して周知・啓発するための研修、講
　　　習等を実施すること。
ロ　職場におけるパワーハラスメントに係る言動を行った者につい
　　ては、厳正に対処する旨の方針及び対処の内容を就業規則その他
　　の職場における服務規律等を定めた文書に規定し、管理監督者を
　　含む労働者に周知・啓発すること。
　　（対処方針を定め、労働者に周知・啓発していると認められる例）
　　①　就業規則その他の職場における服務規律等を定めた文書にお
　　　いて、職場におけるパワーハラスメントに係る言動を行った者

に対する懲戒規定を定め、その内容を労働者に周知・啓発すること。

②　職場におけるパワーハラスメントに係る言動を行った者は、現行の就業規則その他の職場における服務規律等を定めた文書において定められている懲戒規定の適用の対象となる旨を明確化し、これを労働者に周知・啓発すること。

(2)　相談（苦情を含む。以下同じ。）に応じ、適切に対応するために必要な体制の整備

事業主は、労働者からの相談に対し、その内容や状況に応じ適切かつ柔軟に対応するために必要な体制の整備として、次の措置を講じなければならない。

イ　相談への対応のための窓口（以下「相談窓口」という。）をあらかじめ定め、労働者に周知すること。

（相談窓口をあらかじめ定めていると認められる例）

①　相談に対応する担当者をあらかじめ定めること。

②　相談に対応するための制度を設けること。

③　外部の機関に相談への対応を委託すること。

ロ　イの相談窓口の担当者が、相談に対し、その内容や状況に応じ適切に対応できるようにすること。また、相談窓口においては、被害を受けた労働者が萎縮するなどして相談を躊躇する例もあること等も踏まえ、相談者の心身の状況や当該言動が行われた際の受け止めなどその認識にも配慮しながら、職場におけるパワーハラスメントが現実に生じている場合だけでなく、その発生のおそれがある場合や、職場におけるパワーハラスメントに該当するか否か微妙な場合であっても、広く相談に対応し、適切な対応を行うようにすること。例えば、放置すれば就業環境を害するおそれがある場合や、労働者同士のコミュニケーションの希薄化などの職場環境の問題が原因や背景となってパワーハラスメントが生じ

るおそれがある場合等が考えられる。

（相談窓口の担当者が適切に対応することができるようにしていると認められる例）

① 相談窓口の担当者が相談を受けた場合、その内容や状況に応じて、相談窓口の担当者と人事部門とが連携を図ることができる仕組みとすること。

② 相談窓口の担当者が相談を受けた場合、あらかじめ作成した留意点などを記載したマニュアルに基づき対応すること。

③ 相談窓口の担当者に対し、相談を受けた場合の対応についての研修を行うこと。

(3) 職場におけるパワーハラスメントに係る事後の迅速かつ適切な対応

　　事業主は、職場におけるパワーハラスメントに係る相談の申出があった場合において、その事案に係る事実関係の迅速かつ正確な確認及び適正な対処として、次の措置を講じなければならない。

イ 事案に係る事実関係を迅速かつ正確に確認すること。

（事案に係る事実関係を迅速かつ正確に確認していると認められる例）

① 相談窓口の担当者、人事部門又は専門の委員会等が、相談者及び行為者の双方から事実関係を確認すること。その際、相談者の心身の状況や当該言動が行われた際の受け止めなどその認識にも適切に配慮すること。

　　また、相談者と行為者との間で事実関係に関する主張に不一致があり、事実の確認が十分にできないと認められる場合には、第三者からも事実関係を聴取する等の措置を講ずること。

② 事実関係を迅速かつ正確に確認しようとしたが、確認が困難な場合などにおいて、法第30条の6に基づく調停の申請を行うことその他中立な第三者機関に紛争処理を委ねること。

ロ　イにより、職場におけるパワーハラスメントが生じた事実が確
　認できた場合においては、速やかに被害を受けた労働者（以下
　「被害者」という。）に対する配慮のための措置を適正に行うこと。
　（措置を適正に行っていると認められる例）

①　事案の内容や状況に応じ、被害者と行為者の間の関係改善に
　向けての援助、被害者と行為者を引き離すための配置転換、行
　為者の謝罪、被害者の労働条件上の不利益の回復、管理監督者
　又は事業場内産業保健スタッフ等による被害者のメンタルヘル
　ス不調への相談対応等の措置を講ずること。

②　法第30条の６に基づく調停その他中立な第三者機関の紛争解
　決案に従った措置を被害者に対して講ずること。

ハ　イにより、職場におけるパワーハラスメントが生じた事実が確
　認できた場合においては、行為者に対する措置を適正に行うこと。
　（措置を適正に行っていると認められる例）

①　就業規則その他の職場における服務規律等を定めた文書にお
　ける職場におけるパワーハラスメントに関する規定等に基づ
　き、行為者に対して必要な懲戒その他の措置を講ずること。
　　あわせて、事案の内容や状況に応じ、被害者と行為者の間の
　関係改善に向けての援助、被害者と行為者を引き離すための配
　置転換、行為者の謝罪等の措置を講ずること。

②　法第30条の６に基づく調停その他中立な第三者機関の紛争解
　決案に従った措置を行為者に対して講ずること。

ニ　改めて職場におけるパワーハラスメントに関する方針を周知・
　啓発する等の再発防止に向けた措置を講ずること。
　　なお、職場におけるパワーハラスメントが生じた事実が確認で
　きなかった場合においても、同様の措置を講ずること。
　（再発防止に向けた措置を講じていると認められる例）

①　職場におけるパワーハラスメントを行ってはならない旨の方

針及び職場におけるパワーハラスメントに係る言動を行った者について厳正に対処する旨の方針を、社内報、パンフレット、社内ホームページ等広報又は啓発のための資料等に改めて掲載し、配布等すること。

② 労働者に対して職場におけるパワーハラスメントに関する意識を啓発するための研修、講習等を改めて実施すること。

(4) (1)から(3)までの措置と併せて講ずべき措置

(1)から(3)までの措置を講ずるに際しては、併せて次の措置を講じなければならない。

イ 職場におけるパワーハラスメントに係る相談者・行為者等の情報は当該相談者・行為者等のプライバシーに属するものであることから、相談への対応又は当該パワーハラスメントに係る事後の対応に当たっては、相談者・行為者等のプライバシーを保護するために必要な措置を講ずるとともに、その旨を労働者に対して周知すること。なお、相談者・行為者等のプライバシーには、性的指向・性自認や病歴、不妊治療等の機微な個人情報も含まれるものであること。

(相談者・行為者等のプライバシーを保護するために必要な措置を講じていると認められる例)

① 相談者・行為者等のプライバシーの保護のために必要な事項をあらかじめマニュアルに定め、相談窓口の担当者が相談を受けた際には、当該マニュアルに基づき対応するものとすること。

② 相談者・行為者等のプライバシーの保護のために、相談窓口の担当者に必要な研修を行うこと。

③ 相談窓口においては相談者・行為者等のプライバシーを保護するために必要な措置を講じていることを、社内報、パンフレット、社内ホームページ等広報又は啓発のための資料等に掲載し、配布等すること。

ロ　法第30条の2第2項、第30条の5第2項及び第30条の6第2項の規定を踏まえ、労働者が職場におけるパワーハラスメントに関し相談をしたこと若しくは事実関係の確認等の事業主の雇用管理上講ずべき措置に協力したこと、都道府県労働局に対して相談、紛争解決の援助の求め若しくは調停の申請を行ったこと又は調停の出頭の求めに応じたこと（以下「パワーハラスメントの相談等」という。）を理由として、解雇その他不利益な取扱いをされない旨を定め、労働者に周知・啓発すること。

（不利益な取扱いをされない旨を定め、労働者にその周知・啓発することについて措置を講じていると認められる例）

①　就業規則その他の職場における服務規律等を定めた文書において、パワーハラスメントの相談等を理由として、労働者が解雇等の不利益な取扱いをされない旨を規定し、労働者に周知・啓発をすること。

②　社内報、パンフレット、社内ホームページ等広報又は啓発のための資料等に、パワーハラスメントの相談等を理由として、労働者が解雇等の不利益な取扱いをされない旨を記載し、労働者に配布等すること。

5　事業主が職場における優越的な関係を背景とした言動に起因する問題に関し行うことが望ましい取組の内容

事業主は、当該事業主が雇用する労働者又は当該事業主（その者が法人である場合にあっては、その役員）が行う職場におけるパワーハラスメントを防止するため、4の措置に加え、次の取組を行うことが望ましい。

(1)　職場におけるパワーハラスメントは、セクシュアルハラスメント（事業主が職場における性的な言動に起因する問題に関して雇用管理上講ずべき措置等についての指針（平成18年厚生労働省告示第615号）に規定する「職場におけるセクシュアルハラスメン

ト」をいう。以下同じ。）、妊娠、出産等に関するハラスメント（事業主が職場における妊娠、出産等に関する言動に起因する問題に関して雇用管理上講ずべき措置等についての指針（平成28年厚生労働省告示第312号）に規定する「職場における妊娠、出産等に関するハラスメント」をいう。）、育児休業等に関するハラスメント（子の養育又は家族の介護を行い、又は行うこととなる労働者の職業生活と家庭生活との両立が図られるようにするために事業主が講ずべき措置等に関する指針（平成21年厚生労働省告示第509号）に規定する「職場における育児休業等に関するハラスメント」をいう。）

　その他のハラスメントと複合的に生じることも想定されることから、事業主は、例えば、セクシュアルハラスメント等の相談窓口と一体的に、職場におけるパワーハラスメントの相談窓口を設置し、一元的に相談に応じることのできる体制を整備することが望ましい。

（一元的に相談に応じることのできる体制の例）

①　相談窓口で受け付けることのできる相談として、職場におけるパワーハラスメントのみならず、セクシュアルハラスメント等も明示すること。

②　職場におけるパワーハラスメントの相談窓口がセクシュアルハラスメント等の相談窓口を兼ねること。

(2)　事業主は、職場におけるパワーハラスメントの原因や背景となる要因を解消するため、次の取組を行うことが望ましい。

　なお、取組を行うに当たっては、労働者個人のコミュニケーション能力の向上を図ることは、職場におけるパワーハラスメントの行為者・被害者の双方になることを防止する上で重要であることや、業務上必要かつ相当な範囲で行われる適正な業務指示や指導については、職場におけるパワーハラスメントには該当せ

ず、労働者が、こうした適正な業務指示や指導を踏まえて真摯に業務を遂行する意識を持つことも重要であることに留意することが必要である。

イ　コミュニケーションの活性化や円滑化のために研修等の必要な取組を行うこと。

（コミュニケーションの活性化や円滑化のために必要な取組例）

①　日常的なコミュニケーションを取るよう努めることや定期的に面談やミーティングを行うことにより、風通しの良い職場環境や互いに助け合える労働者同士の信頼関係を築き、コミュニケーションの活性化を図ること。

②　感情をコントロールする手法についての研修、コミュニケーションスキルアップについての研修、マネジメントや指導についての研修等の実施や資料の配布等により、労働者が感情をコントロールする能力やコミュニケーションを円滑に進める能力等の向上を図ること。

ロ　適正な業務目標の設定等の職場環境の改善のための取組を行うこと。

（職場環境の改善のための取組例）

①　適正な業務目標の設定や適正な業務体制の整備、業務の効率化による過剰な長時間労働の是正等を通じて、労働者に過度に肉体的・精神的負荷を強いる職場環境や組織風土を改善すること。

(3)　事業主は、4の措置を講じる際に、必要に応じて、労働者や労働組合等の参画を得つつ、アンケート調査や意見交換等を実施するなどにより、その運用状況の的確な把握や必要な見直しの検討等に努めることが重要である。なお、労働者や労働組合等の参画を得る方法として、例えば、労働安全衛生法（昭和47年法律第57号）第18条第1項に規定する衛生委員会の活用なども考えられる。

6 事業主が自らの雇用する労働者以外の者に対する言動に関し行う
 ことが望ましい取組の内容

　3の事業主及び労働者の責務の趣旨に鑑みれば、事業主は、当該事
業主が雇用する労働者が、他の労働者（他の事業主が雇用する労働者
及び求職者を含む。）のみならず、個人事業主、インターンシップを
行っている者等の労働者以外の者に対する言動についても必要な注意
を払うよう配慮するとともに、事業主（その者が法人である場合に
あっては、その役員）自らと労働者も、労働者以外の者に対する言動
について必要な注意を払うよう努めることが望ましい。

　こうした責務の趣旨も踏まえ、事業主は、4(1)イの職場におけるパ
ワーハラスメントを行ってはならない旨の方針の明確化等を行う際
に、当該事業主が雇用する労働者以外の者（他の事業主が雇用する労
働者、就職活動中の学生等の求職者及び労働者以外の者）に対する言
動についても、同様の方針を併せて示すことが望ましい。

　また、これらの者から職場におけるパワーハラスメントに類すると
考えられる相談があった場合には、その内容を踏まえて、4の措置も
参考にしつつ、必要に応じて適切な対応を行うように努めることが望
ましい。

7 事業主が他の事業主の雇用する労働者等からのパワーハラスメン
 トや顧客等からの著しい迷惑行為に関し行うことが望ましい取組の
 内容

　事業主は、取引先等の他の事業主が雇用する労働者又は他の事業主
（その者が法人である場合にあっては、その役員）からのパワーハラ
スメントや顧客等からの著しい迷惑行為（暴行、脅迫、ひどい暴言、
著しく不当な要求等）により、その雇用する労働者が就業環境を害さ
れることのないよう、雇用管理上の配慮として、例えば、(1)及び(2)の
取組を行うことが望ましい。また、(3)のような取組を行うことも、そ
の雇用する労働者が被害を受けることを防止する上で有効と考えられ

る。

(1) 相談に応じ、適切に対応するために必要な体制の整備

　事業主は、他の事業主が雇用する労働者等からのパワーハラスメントや顧客等からの著しい迷惑行為に関する労働者からの相談に対し、その内容や状況に応じ適切かつ柔軟に対応するために必要な体制の整備として、4(2)イ及びロの例も参考にしつつ、次の取組を行うことが望ましい。

　　また、併せて、労働者が当該相談をしたことを理由として、解雇その他不利益な取扱いを行ってはならない旨を定め、労働者に周知・啓発することが望ましい。

　イ　相談先（上司、職場内の担当者等）をあらかじめ定め、これを労働者に周知すること。

　ロ　イの相談を受けた者が、相談に対し、その内容や状況に応じ適切に対応できるようにすること。

(2) 被害者への配慮のための取組

　事業主は、相談者から事実関係を確認し、他の事業主が雇用する労働者等からのパワーハラスメントや顧客等からの著しい迷惑行為が認められた場合には、速やかに被害者に対する配慮のための取組を行うことが望ましい。

（被害者への配慮のための取組例）

　事案の内容や状況に応じ、被害者のメンタルヘルス不調への相談対応、著しい迷惑行為を行った者に対する対応が必要な場合に一人で対応させない等の取組を行うこと。

(3) 他の事業主が雇用する労働者等からのパワーハラスメントや顧客等からの著しい迷惑行為による被害を防止するための取組

　(1)及び(2)の取組のほか、他の事業主が雇用する労働者等からのパワーハラスメントや顧客等らの著しい迷惑行為からその雇用する労働者が被害を受けることを防止する上では、事業主が、こうした行

為への対応に関するマニュアルの作成や研修の実施等の取組を行う
ことも有効と考えられる。

　また、業種・業態等によりその被害の実態や必要な対応も異なる
と考えられることから、業種・業態等における被害の実態や業務の
特性等を踏まえて、それぞれの状況に応じた必要な取組を進めるこ
とも、被害の防止に当たっては効果的と考えられる。

〈参考書籍一覧〉

〈パワハラに関する法律知識〉

・涌井　美和子　著　改訂3版　職場のいじめとパワハラ防止のヒント　㈱産労総合研究所

・中村　孝雄　著　135の判例に学ぶパワーハラスメントの真実　㈱労働新聞社

・中野　公義　著　〔パワハラ・セクハラ〕裁判所の判断がスグわかる本　日本法令

・君嶋　護男　著　おさえておきたいパワハラ裁判例85　労働調査会

・小笠原六川国際総合法律事務所　著　第2版判例から読み解く職場のハラスメント実務対応Q&A　㈱清文社

・水谷　英夫　著　第4版　予防・解決　職場のパワハラ　セクハラ　メンタルヘルス　日本加除出版㈱

〈労務一般に関する法律知識〉

・高仲幸雄、中山達夫、池邊祐子　著　異動・出向・組織再編—適正な対応と実務—　㈱労務行政

・社団法人全国労働基準関係団体連合会　編　全訂　人事・労務管理シリーズⅢ　配転・出向・転籍　労働調査会

・高井・岡芹法律事務所　編　判例解説　解雇・懲戒の勝敗分析　日本加除出版㈱

・水町　勇一郎　著　詳解　労働法　一般財団法人東京大学出版会

・岩出　誠　著　労働法実務体系　第2版　㈱民事法研究会

〈損害賠償に関する法律知識〉

・民事交通事故訴訟損害賠償額算定基準　上巻（基準編）　2020　（公財）日弁連交通事故相談センター東京支部

・第一法規「判例体系」編集部　編　判例INDEX　侵害態様別に見る労働事件300判例の慰謝料算定　　第一法規㈱

・升田　純　著　判例にみる損害賠償額算定の実務〔第3版〕　㈱民事法研究会

・升田　純　著　風評損害・経済的損害の法律と実務〔第2版〕　㈱民事法研究会

・原口　昌之　編　企業の営業損害の算定―裁判例と会計実務を踏まえて―　新日本法規

〈リスクマネジメント及びリスクの定量化に関する知識〉

・藤田　恒夫、原田雅顕　著　決定分析入門　共立出版㈱

・ハウェル・ジャクソン、ルイ・キャプロー、スティーブン・シャベル、キップ・ビスクシー、デビット・コープ　著　　神田秀樹、草野耕一　訳　数理法務概論　　㈱有斐閣

・草野　耕一　著　数理法務のすすめ　　㈱有斐閣

・中島　茂　著　最強のリスク管理　一般社団法人金融財政事情研究会

・マイケル・ブラストランド、ディヴィット・シュピーゲルハルター　松井信彦　訳　もうダメかも　死ぬ確率の統計学　　㈱みすず書房

〈交渉に関する知識〉

・筒井義郎、佐々木俊一郎、山根承子、グレッグ・マルデワ　著　行動経済学入門　　東洋経済新報社

・リチャード・セイラー、キャス・サンスティーン　著　遠藤真美　訳　実践行動経済学―健康、富、幸福への聡明な選択　　日経BP社

・小林秀之　著　交渉の作法　㈱弘文堂
・グロービス　著　グロービスMBAで教えている　交渉術の基本
　7つのストーリーで学ぶ世界標準スキル　　ダイヤモンド社
・ジェームズ・K・セベニウス、R・ニコラス・バーンズ、ロバート・
　H・ムヌーキン　野中香方子　訳　キッシンジャー超交渉術　　日
　経BP社

〈その他法律実務一般に関する知識〉
・伊藤　滋夫　著　要件事実・事実認定入門（補訂版）裁判官の判断
　の仕方を考える　　㈱有斐閣

■著者プロフィール：

氏　　名　内田　悠太（うちだ　ゆうた）

職　　業　弁護士

生年月日　1985年9月21日

最終学歴　久留米大学法科大学院

出　　身　山口県

所　　属　弁護士法人ラグーン

（URL：https://wakamatsu-law.com/）

　　　　　山口県下関市南部町2番7号（本店）

資　　格　弁護士、旧基本情報技術者、旧初級システムアドミニスト

　　　　　レータ、企業経営アドバイザー（㈳日本金融人材育成協会）

　　　　　など

紹　　介

　工業高校を卒業し、大学では経営学と情報学を専攻した理系の弁護士。

　弁護士資格を取得した後は、様々な案件を経験し、現在は主として企業法務と債務整理を取り扱っている。

　毎年、複数回の企業向けセミナーを開催しているほか、メールマガジン「法務に強い社員を養成できる‼企業に役立つ法律実務通信」を発行するなど企業に役立つ法律情報を広く提供しており、その内容は法律に詳しくない人でも分かりやすいとの定評を得ている。

　顧問先は不動産事業者、運送業者、医療法人など幅広い業種にわたっており、地方自治体からの相談も受けている。

　労使の不毛な争いを無くし、経営者と労働者が共に生き生きと働く強い会社を増やすという目標を持っており、その実現のため、企業にとってプラスにならない従業員・顧客・取引先・株主・その他の利害関係人との紛争の予防及び解決に注力している。

リスクの見える化と逆算思考による最適なパワハラ対応

2021年6月22日　第1版第1刷発行

定価はカバーに表
示してあります。

著　者　内　田　悠　太

発行者　平　　　盛　之

発行所　　㈱産労総合研究所

出版部　経営書院

〒100－0014
東京都千代田区永田町1—11—1　三宅坂ビル
電話03-5860-9799　振替00180-0-11361

ISBN978-4-86326-313-0